Frank Bauer

Hans Joachim von Zieten

Preußens Husarenvater und sein Regiment

Frank Bauer

Hans Joachim von Zieten

Preußens Husarenvater und sein Regiment

Kurt Vowinckel-Verlag KG
Berg – Potsdam 1999

Titelbild:

Ausschnitt aus dem Gemälde „Zieten bei Katholisch-Hennersdorf 1758"
von Werner Schuch (1886), ehemals Nationalgalerie, bis 1945 im Garnisonmuseum Potsdam.

Rückseite:

Ölgemälde von Roland Bieber nach einer Vorlage von Cunningham.

Bildnachweis:

Archiv des Autors (76), Hans-Jürgen Czeszak (21), Georg Ortenburg (34), Museum Rathenow (1), Jens-Uwe Benthin (8), W. Köstler (1), Herbert Beith (1), Helmut Bieber (1), OTL Werren (1), Matthias W. Moritz (1), Volker Schobeß (2), Instandsetzungsbataillon 410 (1).

ISBN 3-921655-95-1

Gestaltung:
Frank Bauer/Antje Klück

Satz:
Antje Klück, Satzstudio Potsdam

Druck:
Elbe Druckerei Wittenberg GmbH

Inhalt

Der alte Zieten

Joachim Hans von Zieten,
Husarengeneral,
Dem Feind die Stirne bieten,
Er tat's wohl hundertmal;
sie haben's all erfahren,
Wie er die Pelze wusch,
Mit seinen Leibhusaren
Der Zieten aus dem Busch.

Hei, wie den Feind sie bläuten
Bei Hennersdorf und Prag,
Bei Liegnitz und bei Leuthen,
Und weiter Schlag auf Schlag;
Bei Torgau, Tag der Ehre,
Ritt selbst der Fritz nach Haus,
Doch Zieten sprach: „Ich kehre
Erst noch mein Schlachtfeld aus."

Sie kamen nie alleine,
Der Zieten und der Fritz,
Der Donner war der eine,
Der andre war der Blitz.
Es wies sich keiner träge,
Drum schlug's auch immer ein,
Ob warm', ob kalte Schläge,
Sie pflegten gut zu sein.–

Der Friede war geschlossen,
Doch Krieges Lust und Qual,
Die alten Schlachtgenossen
Durchlebten's noch einmal.
Wie Marschall Daun gezaudert.
Und Fritz und Zieten nie,
Es ward jetzt durchgeplaudert
Bei Tisch zu Sanssouci.

Einst mocht' es ihm nicht schmecken,
Und sieh, der Zieten schlief.
Ein Höfling wollt' ihn wecken.
Der König aber rief:
„Laßt schlafen mir den Alten,
Er hat in mancher Nacht
Für uns sich wach gehalten,
Der hat genug gewacht."–

Und als die Zeit erfüllet
Des alten Helden war,
Lag einst, schlicht eingehüllet,
Hans Zieten, der Husar:
Wie selber er genommen
Die Feinde stets im Husch,
So war der Tod gekommen
Wie Zieten aus dem Busch.

Theodor Fontane, 1847

Einleitung

„Ich habe meinen wachsamen Zieten; er hat Kraft und Kühnheit; Erfolge würden nicht im Stande sein ihn übermütig zu machen, Mißgeschick ihn nicht niederdrücken; er ist zufrieden, wenn er nur mit dem Feinde zum Schlagen kommen kann. Vor allem aber hat er eine ganz singuläre Eigenschaft: wenn er das Terrain nicht gesehen hat, ist er nicht im Stande eine einigermaßen ausreichende Disposition zu entwerfen; wenn er das Terrain aber gesehen hat, macht er ausgezeichnete Dispositionen, und zwar mit einer Schnelligkeit, Genauigkeit und Richtigkeit, welche in Erstaunen setzt. Er braucht nur einen Augenblick um zu sehen und sich zu entscheiden."

Mit diesen wenigen Worten charakterisierte Friedrich der Große die wesentlichsten militärischen Tugenden seines besten und ihn auch persönlich am nächsten stehenden Kavallerieführers in einem Gespräch mit seinem Vorleser de Catt.

Zieten entwarf keine großen strategischen Pläne und er war auch kein Theoretiker des Kriegswesens. Aber er besaß das Gespür für die entscheidende Stunde und das Auge für den entscheidenden Punkt im Gefecht, war also ein ausgesprochen taktisch begabter Offizier. Klein und hager von Statur drückten seine Bewegungen lange Zeit Gewandtheit und Entschlossenheit aus. Erst im hohen Alter war er durch die infolge seiner schweren Gichterkrankung hervorgerufene starke Körperverkrümmung in seinen Bewegungen eingeschränkt. Aber selbst dann war er zu Pferde immer noch ein behender Reiter. Die blauen Augen, die große Nase und der Mund mit den breiten Lippen ließen ihn nicht als besonders schön erscheinen. Aber sein Gesicht besaß Charakter, es hatte einen kühnen und verwegenen Ausdruck. Zu seiner beispielhaften Tapferkeit und unerschütterlichen Treue zum preußischen Königshaus kam ein von tiefer Frömmigkeit getragener Glauben, der ihn sein ganzes Leben lang alle Höhen und Tiefen mit geradezu stoischem Gleichmut ertragen ließ.

Wohl nur wenige Heerführer haben am Anfang ihrer militärischen Karriere soviele Rückschläge hinnehmen müssen wie Zieten. Dreimal hat er fast von vorn anfangen müssen. Erst mit 31 Jahren war er Leutnant, dafür aber schon fünf Jahre später Major, als er von seinem ersten Feldzug zurückkam. Hier zeigt sich überhaupt erst das Talent dieses Mannes, der im reinen Garnisondienst eigentlich wenig leistete, vielmehr der Routine dieses Lebens wenig abgewinnen konnte. Befand er sich jedoch im Krieg, dann entfalteten sich seine besonderen Talente, vor allem die schon im Zitat erwähnte Fähigkeit, in wenigen Augenblicken vor Ort eine der jeweiligen militärischen Situation angemessene Disposition entwerfen zu können. Als Oberst und später General entwickelte er diese Fähigkeit als selbständig operierender Truppenführer immer weiter.

Seite 8:
Zieten-Husaren in Paradeuniform zur Zeit Friedrichs des Großen (von H. Beith colorierte Tafel von A. v. Menzel).

Pelzmütze mit Adlerflügeln des Generals der Kavallerie Hans Joachim v. Zieten (bis 1883 im Hohenzollernmuseum, dann im Zeughaus Berlin).

Neben seinem militärischen Können und dem daraus gewachsenen hohen Ansehen bei König und Offizierkorps waren es seine menschlichen Eigenschaften, die ihn bei seinen Soldaten wie im Volk so beliebt machten. Neben dem „Zieten aus dem Busch“ trat schon bald der „Vater Zieten“, ähnliche Popularität erreichte fast dreißig Jahre später nur noch Marschall Blücher.

Unter den zahlreichen und militärisch sehr verdienstvollen weiteren Generälen Friedrichs des Großen, ob nun Schwerin, Seydlitz oder Winterfeldt, niemand wurde auch nur annähernd so populär wie Zieten. Er hatte die Gabe, den Soldaten zwar zu fordern und durch persönliches Vorbild anzuspornen, aber er verstand auch die Sorgen und Nöte seiner Untergebenen, konnte ohne jeglichen Dünkel auf sie zugehen, sich mit ihnen unterhalten, ja, wie sie unter einfachsten Bedingungen leben. Die Beziehungen zu seinen Soldaten hatten schon eine väterliche Art, die ihm so etwas wie Liebe einbrachten. So bestand in seinem Regiment neben dem rein dienstlichen Verhältnis auch ein rein persönliches. Zieten sorgte für das Wohl seiner Soldaten und Offiziere. In vielen Schreiben an den König hat er sich für Beförderungen, für die Versorgung nach dem Ausscheiden aus dem aktiven Dienst oder für eine Versetzung zu einem anderen Truppenteil eingesetzt, wenn die körperlichen Voraussetzungen nicht mehr zum Dienst bei den Husaren ausreichten.

Friedrich der Große nimmt die Parade eines Husaren-Regiments ab (Zeichnung von A. v. Menzel).

Die Familie Zieten in der Mark Brandenburg

Bereits im 14. Jahrhundert tauchte der Name der Zietens in Wustrau – bei Neuruppin – auf. Schon 1365 war ein Familienmitglied Mitbegründer der lateinischen Schule in Neuruppin. In Wustrau zählten die Zietens nicht zu den wohlhabenden Familien, denn ihr Besitz umfaßte nur ein Drittel der Fläche des dortigen Rittergutes, sie mußten es mit den Familien v. Lohe und v. Gühlen teilen. Im Gegensatz zu diesen Familien verfügten die Zieten nicht über zusätzliche Einnahmen, sondern mußten ihren Lebensunterhalt ganz aus dem Ertrag ihres Landbesitzes bestreiten. Das führte u.a. dazu, daß man fast beständig mit den Nachbarsfamilien im Streit stand, der sich bis in die ersten Jahre des 18. Jahrhunderts hinzog und schließlich zu einem langwierigen Prozeß mit der Familie v. Gühlen führte.

Alte Postkarte mit Blick auf das Zieten-Schloß.

In relativ ärmlichen Verhältnissen wurde am 14. Mai 1699 Hans Joachim v. Zieten in Wustrau geboren. Seine Eltern waren Joachim Matthias v. Zieten (geb. am 11. Mai 1657) und Ilsabe Catharina v. Zieten, geb. Jürgaß (geb. am 24. Januar 1666). Sie waren seit Dezember 1695 verheiratet und lebten in bescheidenen Verhältnissen, denn der Wert ihres Gutes war auf lediglich 4000 Taler veranschlagt. Da der Vater nie eine Anstellung im zivilen oder militärischen Bereich innehatte, war er gezwungen, sich ständig und intensiv um seine Landwirtschaft zu kümmern, um seiner bald kinderreichen Familie das Auskommen zu sichern. Hans Joachim war das dritte Kind von insgesamt sieben der Familie Zieten.

Die bescheidene materielle Lage erlaubte es den Eltern auch nicht, Hans Joachim eine höhere Bildung und Erziehung angedeihen zu lassen. Nach einer kurzen Episode, die ein sich bald als moralisch unhaltbar geltender sogenannter Hofmeister bei der Erziehung des Knaben gab, blieb der zwar aufgeweckte, aber körperlich schwächliche Junge sich weitestgehend selbst überlassen. Er bezog seine Bildung und Erziehung bis zum 14. Lebensjahr aus dem Vorbild der Eltern und den Erfahrungen einer kleinen Landwirtschaft. Sein Interesse für den Soldatenberuf ist wohl durch die Eindrücke entstanden, die er bei Besuchen in der benachbarten Garnisonstadt Neuruppin machte.

Hans Joachim wird Soldat

Im Alter von 16 Jahren trat Hans Joachim 1716 in das Regiment des Generalmajors Freiherr v. Schwendy ein, mit dessen Familie die Zietens befreundet waren. Das Regiment war erst 1715 aus der Vereinigung des Schwendyschen Bataillons mit dem 1713 errichteten Bataillon Schönebeck hervorgegangen. Bei der Vorstellung beim Regimentschef in Neuruppin empfing ihn aber nur kaltes Schweigen – ein böses Ohmen für die weiteren Soldatenjahre des jungen Zieten.

Der junge Freikorporal Zieten widmete sich trotzdem eifrig der Erlernung des Soldatenhandwerks. Seine geringe körperliche Größe und schwächliche Konstitution waren aber für eine erfolgreiche militärische Karriere sehr hinderlich, erst recht im Preußen König Friedrich Wilhelms I., der ja besonderen Wert auf Größe und Stattlichkeit seiner Soldaten legte, man denke nur an die „Langen Kerls". Dazu kam noch der Nachteil, in einer Garnison zu dienen, die der König kaum einmal besuchte, man daher auch nicht positiv „auffallen" konnte, um die militärische Rangleiter nach oben klettern zu können. Auch unter den Kameraden war der junge Zieten wenig angesehen, da er sich den damals üblichen rohen Sitten, insbesondere dem zügellosen Trinken, nicht bedingungslos anschloß.

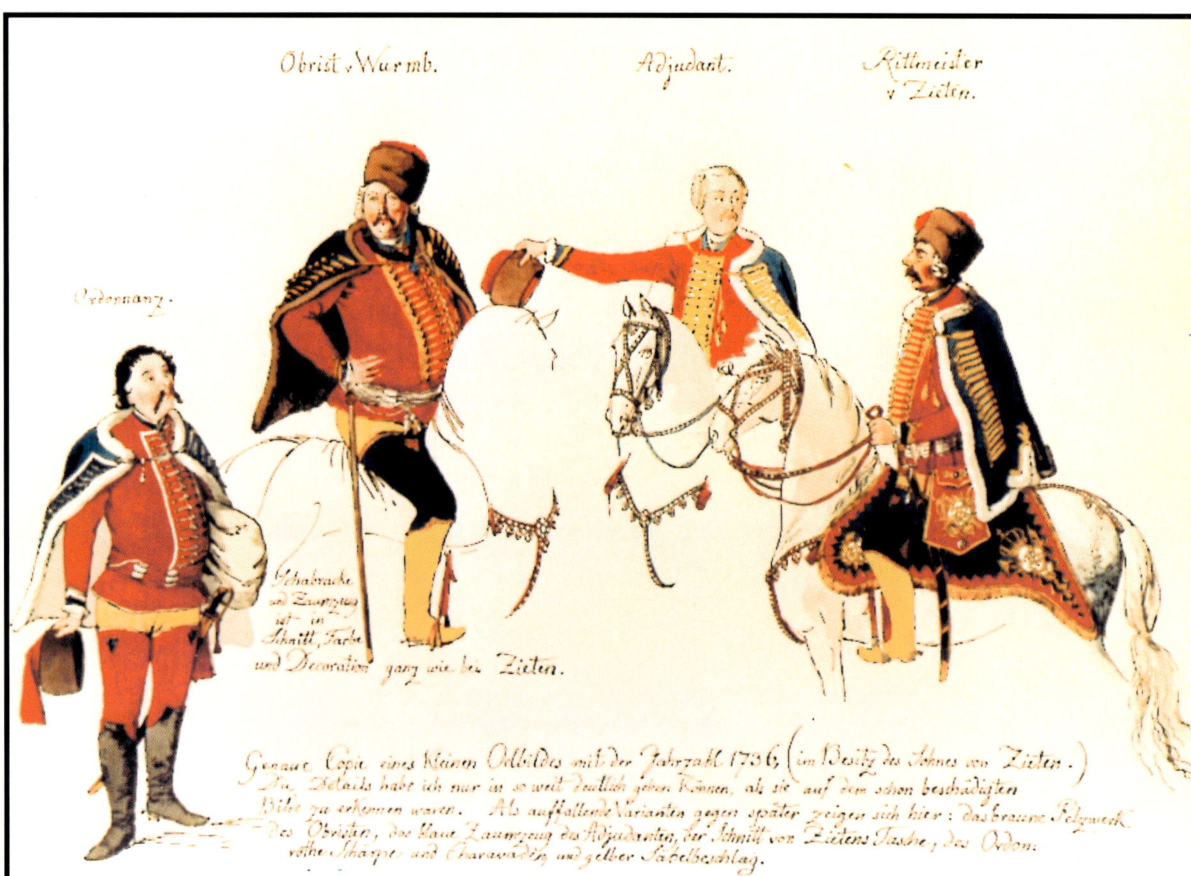

Prinz Eugen von Anhalt-Dessau in der Uniform der Zieten-Husaren (um 1740).

Trotz aller Schwierigkeiten avanciert er am 7. Juli 1720 zum Fähnrich, wobei allerdings bis zum Januar 1722 schon vier weitere Fähnriche im Regiment ernannt wurden. Im Frühjahr wechselte auch das Kommando des Regiments. Freiherr v. Schwendy wurde Gouverneur von Spandau, und neuer Regimentschef wurde Generalmajor v. Schwerin, der spätere Generalfeldmarschall und berühmte Reiterführer Friedrichs des Großen. Fähnrich Zieten hatte bei ihm einen ziemlich guten Stand, denn in den sogenannten „Qualifizierungsberichten" an den König bezeichnete v. Schwerin ihn als „gottesfürchtig, herzhaft, nüchtern, gut haushälterisch und fleißig im Dienst", bemängelte aber die fehlende Kommandostimme und die kleine Gestalt. Gerade das Fehlen der Kommandostimme führte beim König dazu, daß Zieten in der weiteren Beförderung hinter andere Fähnriche gesetzt wurde. 1723 ist er bereits der älteste Fähnrich im Regiment, andere sind vor ihm zum Sous-Lieutenant befördert. Nachdem er in der Folge noch viermal bei der Beförderung übergangen wurde – trotz der Empfehlung durch v. Schwerin –, platzte Zieten sozusagen der Kragen. Er reichte am 28. Juli 1724 an den König ein Immediatgesuch ein, in dem er sich über die mehrfache Zurücksetzung beklagte und indirekt um seinen Abschied nachsuchte.

„Allerdurchlauchtigster, Großmächtigster König,
Allergnädigster König und Herr,
Ew. Königlichen Majestät haben Allergnädigst bey letzterer des Schwerinschen Regiments revue mich wegen ersetzung des viel erlittenen torts mit gedult haben vertröstet, mir aber dennoch bey jetzieger vacantz den von Bornstädt zum Sous-Lieutenant wiederümb vorgezogen, worauß den schließe, weilen selbiger albereit der vierte, daß Ew. Königliche Majestät hohe Intention allergnädigst seyn möge, mich nicht bey diesen, sondern bey einem andern Regiment durch guter placirung zu helfen. Bitte derowegen in tieffster Unterthänigkeit, Ew. Königliche Majestaet wollen allergnädigst mich über den bißher in Furcht und Hoffnung erwarteten Glück dero hohe resolution erfahren laßen; solche hoche Ew. Königlichen Majestät Gnade werde mit unterthänigstem gehorsam erkennen und in größter Devotion Unsterblich seyn

Ew. Königlichen Majestaet
allerunterthänigst gehorsamster
Hans Joachim von Zieten,
Fendrich beym Schwerinschen Regiment.

Crossen, d. 28. Juli 1724."

Der König nutzte diese Gelegenheit, um den in seinen Augen schwächlichen Fähnrich loszuwerden. „Soll seine Dimission haben", schrieb er unter das Gesuch und teilte dies v. Schwerin mit Datum vom 1. August 1724 mit. Nun war Hans Joachim v. Zieten gezwungen, sich wieder der väterlichen Gutswirtschaft und allen damit zusammenhängenden Problemen zu widmen, denn seit dem Tode des Vaters 1720 mußte er die

Erträge mit der Mutter und den drei Schwestern teilen. Außerdem hatte er den vom Vater geführten Rechtsstreit mit den Nachbarn weiterzuführen. Das alles kostete viel Zeit und Kraft. Trotzdem war er ständig bemüht, wieder in des Königs Dienste zu treten. Hierzu nutzte er seine wegen des Rechtsstreits mit den v. Gühlen nach Berlin zu unternehmenden Reisen, um sich beim König in Erinnerung zu bringen. Günstige Umstände führten dazu, daß er Friedrich Wilhelm Ende 1725 während einer Parade im Lustgarten ansprechen konnte, als dieser gerade im Begriff war, seine in Insterburg stehenden Wuthenow-Dragoner von fünf auf zehn Schwadronen zu erweitern und dazu natürlich auch Offiziere brauchte. Eine der vacanten Offiziersstellen erhielt nun der Fähnrich Hans Joachim v. Zieten. Sein Patent wurde sogar auf den Tag seiner Entlassung aus dem Militärdienst zurückdatiert, als er noch als Fähnrich beim Regiment v. Schwerin stand und obwohl er dort niemals als Leutnant Dienst tat.

„Ordre an die Kriegskanzlei: Es haben Seine Königl. Maj. den Herrn Lieutenant von Zieten, so vormahls bei dem Schwerinschen Regiment gestanden, nunmehro als Lieutenant bei das Wuthenausche Regiment placiret, auch zugleich allergnädigst befohlen, daß er seinen vormahlen gehabten Rang behalten solle, weshalb dann solches Ew. Hochwohlgeb. Hiedurch melden und anbei ersuchen wollen, das behörige Patent ihm hierüber ausfertigen zu lassen, auch zu verfügen, daß die Ordre dieserhalb an das Wuthenausche Regiment ergehen und er seinen vorigen Platz behalten möge.

Berlin, den 21. Januarii 1726
G.W. Kröcher"

Hier schließt sich eine Bemerkung der Kriegskanzlei an:

„Weilen der Herr von Zieten nur als Fähndrich beim Schwerinschen Regiment gestanden und auch nur in solcher Qualität den Abschied erhalten, So haben des Herrn Obristen v. Kröchers Hochwohlgeb. Bei angezeigten solchen Umbständen mündlich befohlen, daß das Lieutenants-Patent vor gedachten Herrn von Zieten auf den Tag, da Er den Abschied bekommen, welches der 1. August 1724 ist, datiret werden könnte."

Den ersten Auftrag im Dienst seiner neuen Einheit erhielt Zieten schon in Berlin von einem Stabsoffizier des Wuthenowschen Regiments, der ihm die Überführung von Remonte-Pferden nach Insterburg übertrug. Anfangs schien sich der Dienst und der Umgang mit den Kameraden in Insterburg erfreulicher als in Neuruppin zu entwickeln. Außerdem stand er Anfang April 1726 nun als sechster in einer Reihe von 20 Leutnants, die auf Beförderung warteten. Eine tollkühne Aktion, die er im zeitigen Frühjahr 1727 unternahm, um rechtzeitig aus einem Urlaub wieder beim Regiment zurück zu sein, und wozu er in riskanter Weise das schon brüchige Eis des Frischen Haffs von Danzig nach Königsberg überquerte, steigerte seine Popularität

Standarte des Husaren-Regiments von Zieten (Brandenburgisches) Nr. 3. Verliehen am 18. April 1891. Das Fahnenband zeigt mit 1730 das später von Kaiser Wilhelm II. festgelegte Jahr der Errichtung des Regiments an.

in Kameradenkreisen und weist schon auf seine spätere Kühnheit als Reiterführer hin. Ende 1727 ist Zieten dann Premierleutnant, schon im Februar 1728 dann an dritter Stelle der Premierleutnante. Doch nun war es auch im neuen Regiment mit der weiteren Beförderung für ihn zu Ende. Dazu trug wohl wesentlich ein langer Konflikt mit dem Stabsrittmeister seiner Schwadron bei, an dem er wohl nicht ganz schuldlos war. Gerade am Anfang seiner militärischen Laufbahn zeigte Hans Joachim v. Zieten in seinem Verhalten gegenüber Vorgesetzten oftmals eine Reizbarkeit und Empfindlichkeit, die auch zu ungerechtfertigten Verhaltensweisen diesen gegenüber führten. Nach etlichen Querelen kam es zu einer Duellaufforderung Zietens an den Rittmeister, die dieser aber nicht annahm. Der Premierleutnant v. Zieten aber wurde deshalb zu einer einjährigen Festungshaft in Friedrichsburg bei Königsberg verurteilt. Nach Verbüßung der Strafe kam es auf Veranlassung des Rittmeisters doch noch zum Duell. Hierbei geriet Zieten entsprechend den formellen Vorgaben für ein Duell wieder in ein ungünstiges Licht, als er, nachdem ihm seine Degenklinge im Kampf gesprungen war, seinem Gegner das Gefäß an den Kopf warf. Ein danach von einem Offizier des Regiments an den König verfaßter Bericht stellte Zietens Verhalten so negativ dar, daß zwar der das Duell anzettelnde Rittmeister zu dreimonatiger Festungshaft verurteilt, Zieten aber zur Kassation (Entlassung) verurteilt wurde.

Nun war Zietens militärische Karriere ein zweites Mal unterbrochen. Aufgrund des strengen Urteils schien er beim König sogar in Ungnade gefallen zu sein. Gleichzeitig aber war dem Kassationsbefehl aber eine Aufforderung beigefügt, daß Zieten sich nach seiner Ankunft in Berlin beim König zu melden habe. Hier schien sich für den jungen Offizier wohl doch noch eine Möglichkeit der Rückkehr in den Militärdienst zu öffnen. Wichtig für diese Chance war, daß der ansonsten die Kavallerie völlig vernachlässigende König Friedrich Wilhelm I. 1730 in Potsdam eine Leibhusarenkompanie aus drei Offizieren, sechs Unteroffizieren, einem Trompeter, einem Fahnenschmied und sechzig Husaren errichten ließ. Zwar gab es in der preußischen Armee seit 1721 schon zwei Kompanien Husaren, aber sie waren nicht selbständig, sondern gehörten als eine Art Anhängsel zum ostpreußischen Dragoner-Regiment v. Wuthenow.

Über diese „Gründung“ der Leibhusaren gibt es folgende Erzählung:
Der König sei bei seinem späteren Schwiegersohn, dem Markgrafen von Bayreuth, zu Besuch gewesen und habe von diesem dessen Leibkorps Husaren als Ehreneskorte erhalten. Die schmucken und flinken Reiter hätten ihm dann so gut gefallen, daß er beschloß, eine ähnliche Truppe für sich selbst errichten zu lassen.

Ein hübsche Geschichte, die wohl stimmen kann. Aber mit der Gründung dieser Leibhusarenkompanie verfolgte Friedrich

Husaren-Regiment von Zieten um 1750.

Wilhelm nicht das Ziel, eine für die Beobachtung und Verfolgung des Feindes wichtige neue Truppengattung zu schaffen. Vielmehr sollten diese Reiter ausschließlich zu seinem persönlichen Dienst, zur Beförderung wichtiger Depeschen u.ä. verwendet werden. Bisher galt für die Kavallerie unter Friedrich Wilhelm ähnlich wie für seine Infanterie in erster Linie ein möglichst imposantes Erscheinungsbild als wichtig. Exerziert wurde zumeist zu Fuß, nur wenige Übungen zu Pferde fanden statt. Erst unter Friedrich II. sollte sich das gründlich ändern. Gerade die Husaren wurden in der preußischen Kavallerie zu einer Truppe, die durch die Schnelligkeit ihrer Bewegungen für den sogenannten „kleinen Krieg" eine immer größere Bedeutung erlangten

Die Uniform dieser neu errichteten Husarenkompanie wurde zum Vorbild für alle nachfolgenden Husareneinheiten, lediglich die Grundfarben waren je nach Regiment verschieden. Das Besondere der Uniform der Husaren bestand aus dem Dolman, dem beschnürten Pelz und der Filzmütze. Erster Kommandeur der kleinen Einheit wurde mit Patent vom 8. Oktober 1730 der Oberstleutnant v. Beneckendorff. Die Leutnantsstelle erhielt Hans Joachim v. Zieten, trotzdem der König anfangs dagegen war. Aber letztendlich überzeugte ihn die Tatsache, daß für die Aufgaben der Husaren die geringe Körpergröße Zietens kein Hindernis war. Bei der offiziellen Anstellung, die von Friedrich Wilhelm in Schloß Wusterhausen vorgenommen wurde, ermahnte dieser den ihm wegen seines reizbaren und überempfindlichen Charakters bisher öfters negativ aufgefallenen Offizier, sich in Zukunft entsprechend den Gepflogenheiten in der Armee zu verhalten. Diese Ermahnungen in Gegenwart seines neuen Vorgesetzten waren Zieten natürlich peinlich. Aber schließlich konnte er sich kaum beschweren, immerhin trug er nur ein halbes Jahr nach seiner Kassation wieder des Königs Rock, war sogar wieder im gleichen Dienstrang eingestellt.

„Anno 1731 gleich in dem Früh-Jahr waren Ihro Majestät der König beschäfftiget, zwey Compagnien Husaren aufzurichten, die man mit drey Escadrons anderer Husaren, welche in Preussen stehen, nicht verwechseln muß ... Die Pferde, welche beyde Compagnien Husaren beritten zu machen, liessen Ihro Majestät der König aus Ungarn kommen und es waren die meisten darunter dermaßen wild, daß ihre Reuter, die in der Reuterey ohne diß noch ziemlich unerfahren gewesen, nicht selten abgeworffen und auf die Erde geschmissen worden, dergestalt, daß ihrer etliche die Rieben im Leib entzwey, andere aber einen Arm oder ein Bein gebrochen ... Diese Husaren sind bestimmet, den König auf seinen Reisen zu begleiten; ob sich gleich Ihro Majestät sonst niemalen escortieren lassen, ausser wann Sie, über das Pohlnische Territorium, nach Dero Königreich Preussen gehen. Sie halten auch, wann der König reiset ihre Relais und sind auf gewissen Stationen postiret, statt derer ehemaligen zwölf Cabinet-Postillions, um das Königliche Felleisen, Staffetten und Briefe fortzubringen. Wird aber zu Berlin, oder in Potsdam, die Loosung wegen eines oder mehrerer

Deserteurs gegeben, müssen die Hussaren gleich auf seyn und ihnen nachjagen. ... Derer Husaren ist bereits Erwehnung geschehen, welche in Sr. Majestät des Königs von Preussen Diensten stehen. Nur dieses habe ich noch dabey zu gedenken, daß die ehemalige weiße Montur, welche diejenigen Compagnien bekommen, welche An. 1731 berichtet werden, sich nunmehro (seit1732) in eine rothe Farbe, an deren Ermeln blau aufgeschlagen, verwandelt hat, und statt derer ehemaligen Heyducken-Mützen von schwartzen Filz, tragen sie rothe Ungarische Mützen."

(Aus dem Buch „Leben und Taten des Allerdurchlauchtigsten und Großmächtigsten Königs von Preußen Friedrichs Wilhelms", Hamburg - Breslau 1735).

Zieten hatte inzwischen gelernt, sein Temperament zu zügeln, auch wenn ihm etwas gegen den Strich ging. Beim Dienst in der unmittelbaren Umgebung des Königs blieb es nicht aus, daß dieser ihn öfters beobachten konnte und sehr bald den Diensteifer und die militärische Geschicklichkeit Zietens zu schätzen wußte. Nun ging es mit der militärischen Karriere aufwärts. Schon ein halbes Jahr nach seinem Dienstantritt bei den Husaren wurde Zieten zum Rittmeister befördert und dann am 1. März 1732 zum Chef der neu errichteten zweiten Kompanie Husaren ernannt.

Die neue Husarentruppe setzte sich anfangs aus sehr verschiedenen Soldaten zusammen und wurde in erster Linie für Polizei- und Botendienste verwendet. So hatte die in Berlin stationierte Kompanie die Briefe bis Zehlendorf zu bestellen, wurde aber auch für die Verfolgung und das Einbringen von Deserteuren eingesetzt. Von Zehlendorf aus übernahm ein Kontingent der Husaren die weitere Beförderung der Briefe nach Potsdam. Ähnlich wurde ein Teil der in Beelitz unter dem Kommando Zietens stehenden Kompanie verwendet. 1732 wurde die Husarentruppe um eine weitere Kompanie erweitert. Die in Berlin und Beelitz stehenden Husaren entwickelten sich im Dienst in unmittelbarer Nähe des Königs zu einer Art Elitetruppe, die sogar materiell gegenüber den in Ostpreußen stehenden Husaren bevorzugt wurden. So erhielten sie für ihre Remonte 50 Taler, die in Ostpreußen lediglich 20 Taler. Auch die Monatslöhnung war mit drei Talern gegenüber zwei Talern und zwölf Groschen höher. Dazu kam noch, daß die Ausrüstungsgegenstände in kürzerem Zeitraum erneuert wurden. Trotzdem die Einsätze der Husaren wenig mit einem künftigen Kriegsdienst zu tun hatten, war es erforderlich, daß die Reiter sehr schnell waren. So hatte der König nichts dagegen, daß für diese Truppe nur kleine und leichte Leute geworben wurden. Zieten konnte als Kompaniechef seine Fertigkeiten als Offizier weiter ausbilden und sich im unmittelbaren Dienst beim Königs bewähren.

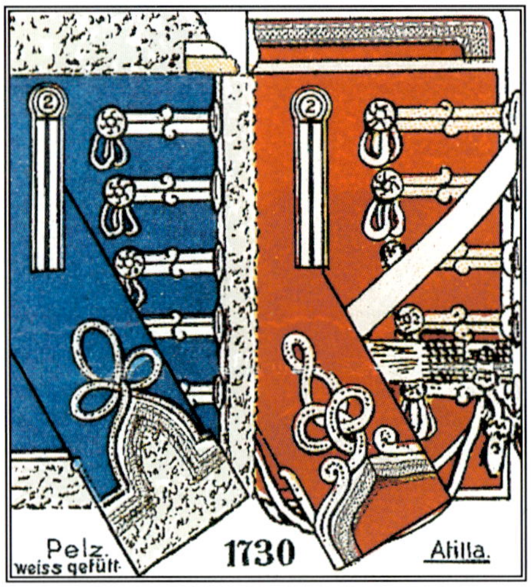

Husaren-Regiment v. Zieten (Brandenburgisches) Nr. 3, Garnison Rathenow.

Erster Kriegseinsatz am Rhein

1735 konnte sich Zieten das erste Mal in bedeutendem Maße als Soldat im Krieg hervortun. Im Gefolge des Krieges zwischen Frankreich und Österreich ab 1733 um die Nachfolge auf dem polnischen Königsthron, in den dann auch das Reich hineingezogen wurde, stellte Preußen ein Hilfskorps von 10.000 Mann unter dem Oberbefehl des Generalleutnants v. Röder. Das kaiserliche Heer kommandierte der inzwischen hochbetagte Prinz Eugen, dessen Stern als Militär längst am Erlöschen war. Der Krieg am Rhein schleppte sich ohne auch nur ein bedeutsames Gefecht dahin, da auch die französische Seite nichts Ernsthaftes unternahm. Immerhin erwiesen sich in diesem Geschehen die preußischen Truppen als diejenigen mit der besten Disziplin. Die einzigen nennenswerten militärischen Aktivitäten führten in diesem Krieg die preußischen und österreichischen Husaren mit ihren verwegenen und fast immer erfolgreichen Beobachtungsritten durch. Dabei stand das kleine preußische Husarenkontingent unter dem Befehl Hans Joachim v. Zietens.

Die preußische Husarentruppe war allerdings erst im Mai 1735 an den Rhein gekommen, nachdem der König im Frühjahr 1734 das erfolgreiche Agieren der österreichischen Husaren beobachtet hatte. Hier ragte der österreichische Husarenführer Baranyai hervor, bei ihm sollten die preußischen Husaren sozusagen in die Schule gehen. Aus diesem Grunde übernahm der König die Kosten für Verpflegung und Unterhaltung für seine Husaren aus eigener Schatulle, während die sonstigen preußischen Truppen vom Kaiser verpflegt wurden. Jeweils die Hälfte der 120 Husaren entstammte dem ostpreußischen bzw. dem märkischen Regiment. Da Zieten zum Kommandeur dieses Kontingents ernannt wurde, muß wohl der König inzwischen Vertrauen zu ihm gehabt haben.

Entsprechend der für König Friedrich Wilhelm I. üblichen Gründlichkeit in allen Fragen der militärischen und verwaltungsmäßigen Organisation, verfaßte dieser für den Marsch der Husaren an den Rhein für Zieten eine besondere „Instruction“. Diese enthielt u.a. Hinweise für das Beschaffen der vom König so innig geliebten „Langen Kerls“. In allen Dörfern und Städten auf dem Marsch zum Rhein sollten Zieten oder von ihm beauftragte „geschickte“ Unteroffiziere nach geeigneten Kandidaten von sechs Fuß und darüber Ausschau halten, sie werben bzw. – wenn notwendig – auch mit Gewalt „Capern“. In der Instruktion waren sogar schon Namen von Männern enthalten, von deren Körpergröße der König Kunde erhalten hatte. Eine zweite Instruktion enthielt alle Maßnahmen für die Erhaltung der Disziplin und die Anweisung, sich nach der Ankunft im kaiserlichen Lager sofort auf den rechten Flügel des Heeres zu begeben und sich dort den österreichichischen Husaren anzuschließen.

„Ordre und Instruction vor den Rittmeister von Zieten von den Husaren, wie derselbe sich mit dem unterhabenen Corps Husaren sowohl auf dem Marsch nach dem Ober-Rhein, als auch in der Campagne verhalten soll.

1. *soll derselbe schleunig von Potsdam nach dem Ober-Rhein marschiren nach der Marsch-Route, welche ihm gegeben worden. In Sr. Kgl. Majest. Lande muß er auf dem Marsch mit seinem Corps vor baare Bezahlung leben, in denen auswärtigen Landen aber, wodurch er passiret, soll er mit denen Marsch-Commissaris, so ihm zugegeben werden, liquidiren, und woferne er nicht den freien und ohnentgeldlichen Durchmarsch erhalten kann, seine Quittung darüber geben, aber nichts bezahlen.*

2. *Währenden Marsch soll er die seinem Commando anvertrauten Ober-Officiers, Unter-Officiers und Husaren scharf anhalten, daß solche, in denen Quartieren und sonsten sehr gute ordre halten, kein Geld nehmen, noch auf Discretion leben oder dem Quartier-Stand was abzwingen, noch sonsten Desordres begehen, als wovor er mit Ehre und Reputation repondiren soll.*

3. *soll er an S. K. M. sowohl, als an den General von der Infanterie von Röder fleißig berichten, wie weit er jedes Mahl mit seinem Marsch avanciret ist, damit gedachter Gen. v. Röder von seiner Ankunft informiret sei, sonsten soll er sehr hurtig marschiren, um bald an Ort und Stelle zu sein, doch muß der Marsch dabei dergestalt geschehen, daß das Corps im guten und dienstbaren Stande zur Armee komme.*

4. *Wann auf dem Marsch und sonsten Pferde abgingen, soll er sich gleich wieder complett machen, es mag mit Schimmel oder mit was vor Couleur es wolle, sein, denn dieses einerlei ist und es auf die Farbe bei denen Pferden nicht ankommen soll.*

5. *Wann er nicht mehr weit von dem Corps d'Armee ist, so soll er einen Officier voran schicken, um den Gen.v. Röder seine Ankunft zu notificiren, alsdann er ordentlich in dero Lager einrücken muß, zu zwei Truppes, so wie S. K. M. ihm solches in Potsdam befohlen haben.*

6. *Der Dienst im Felde soll dergestalt geschehen: Es soll der Rittmeister v. Zieten mit seinem unterhabenden Corps Husaren bei denen Kaiserl. Husaren auf dem rechten Flügel campiren. Wann die Kaiserl. Husaren auf Parthie gehen, so soll er alle Tage einen subalterne Officier und 20 Pferde mitschicken. Wann aber von den Kaiserl. Husaren ein Major auscommandiret wird, alsdann soll er, der Rittmeister v. Zieten, mit 60 Pferden, auch, den Umständen nach, mit dem ganzen Corps mitgehen, bis auf einen Subalternen und 20 Pferde, als so viel allezeit im Lager bleiben und nicht mitgehen müssen.*

Husaren von den Regimentern Owstien (Nr. 10) und Bila (Nr. 11).

7. *Diese 20 Pferde sollen zuförderst bei ihm und dann auch bei denen in der Armee befindlichen Preuß. Generals die Ordonnanz anstatt der Dragoner thun, dann S. K. M. befohlen haben, daß kein Dragoner mehr auf Ordonnanz zu Pferde commandiret werden, sondern solche durch dero Husaren geschehen soll. Hiernegst soll von diesen 20 Husaren, so allemahl in dem Lager bleiben, alle Nacht 2 Unter-Offizier und 12 Husaren in dem Preuß. Lager die Nacht durch patrouilliren, um die Desertion, das Auslaufen und Marodiren zu verhüten, wie wohl es höchst cache' gehalten werden soll, daß dieses Patrouilliren wegen der Desertion geschiehet. Es sollen diese Patrouillen Acht haben, bei denen Preuß. Regimentern das Auslaufen und Marodiren zu verhindern, und wann Bursche und Merode oder sonsten auslaufen, so sollen sie solche wieder einbringen.*

8. *Der Rittmeister v. Zieten sowohl als sein unterhabenes Corps sollen suchen sich überall und in allen Occasionen zu distinguiren und sich bei der Armee Ehre und Reputation zu schaffen.*

9. *Wann die Armee mit der feindlichen dichte bei einander stehet, so sollen sie brav mit des Feindes Vortruppen chargiren, wann auch schon das ganze Corps Husaren dazu ausgehen sollte, und sollen sie alsdann zeigen, daß sie brave Leute sein, dabei sie aber auch jedesmahl ihre Sachen mit Verstand anfangen sollen.*

10. *Auf die Ordre und Gewohnheiten bei denen Kaiserl. Husaren, desgleichen auf ihre Haushaltung soll er, der Rittmeister v. Zieten, wohl acht geben, ihnen solche absehen, und sie bei seinem unterhabenden Corps introduciren.*

11. *Alles Plündern, Stehlen und Rauben soll bei seinem Corps bei hängen Strafe verboten sein, denn S. K. M. dero Leuten ein gutes und richtiges Tractament bezahlen lassen, daß diese dergleichen Excesse zu begehen nicht nöthig haben, auch haben Sie an dero Gen. v. Röder die Ordre gestellet, daß wann einer dero Husaren auch nur ein Huhn stiehlet, deshalb so gleich aufgehänget werden soll. Wann aber sie auf Partheien gehen und den Feind schlagen, so soll alsdann der Raub und Beute unter sie getheilet werden, so wie es bei denen Kaiserl. Husaren der Gebrauch ist.*

Wornach gedachter Rittmeister v. Zieten sich in allen und und jeden Stücken auf das genaueste und eigentlichste sich allerunterthänigst zu achten hat.

Potsdam, d.12. April 1735
Fr. Wilhelm

Am 13. April 1735 brach Zieten mit seinen Husaren zum Marsch in die Gegend zwischen Frankfurt und Mainz auf. Unterwegs traf er in Buttstädt den Herzog von Weimar, der mit seinen Truppen ein Feldlager abhielt. Dieser lud Zieten und seine Husaren ins Lager ein. Am Abend ging es sowohl bei den Soldaten als auch bei den Kommandeuren ziemlich hoch her. Zieten beging dabei unter dem Einfluß von zu viel Alkohol wieder einmal ein Taktlosigkeit gegenüber seinem Gastgeber, die dieser aber nicht übel nahm. Am anderen Morgen wollte der Herzog gern ein kleines Manöver der Husaren sehen. Zieten ließ sich dazu überreden, weil er damit gleichzeitig auch hoffte, sein Benehmen vom Vorabend wieder gutzumachen. Er teilte seine Truppe in zwei Hälften, die ein Scheingefecht miteinander führen sollten. Aber aus der Übung wurde bald ein ernsthafter Kampf, weil die noch unter Alkoholeinwirkung stehenden Husaren, deren ostpreußische und märkische Teile sich sowieso in Konkurrenz gegenüberstanden, sich statt mit Übungspatronen, mit scharfer Munition beschossen. So blieb es nicht aus, daß etliche der Husaren verwundet wurden, das Kontingent sich praktisch schon vor der Ankunft am Einsatzort dezimiert. Zieten konnte nur unter großem persönlichen Einsatz die im Kampfrausch befindlichen Reiter auseinanderbringen. Zum Glück war keiner der Verwundeten tödlich getroffen. Aber es ist wohl möglich, daß Verwundete aus diesem Manöver auf dem Marsch starben, auch wenn Zieten dies in seinen Berichten an den König als „auf dem Marsch verstorben“ deklarierte. Zieten hatte nun genügend zu tun, um die Rivalitäten innerhalb seiner Truppe abzubauen.

Malachowski- und Bellinghusaren mit russischen Gefangenen (1761 in Stettin).

Trotz aller Umstände trafen die preußischen Husaren entsprechend der königlichen Marschorder pünktlich beim kaiserlichen Heer ein und bezogen Quartier in zwei Dörfern bei Wiesbaden. Die Hauptkräfte lagerten in der Umgebung von Mainz, die Franzosen auf dem anderen Rheinufer bei Oppenheim. Zietens Husaren kamen nun im Kundschafterdienst zum Einsatz. Anfang Juni gelang Zieten dabei die Gefangennahme eines französischen Offiziers. Am 15. Juni unternahm der österreichische Husarenführer Baranyai zusammen mit einem Teil der preußischen Husaren unter Zieten einen Erkundungsvorstoß. Zwei Nächte wurden in unmittelbarer Nähe des feindlichen Lagers verbracht. Am 17. Juni erfuhr man von einer in der Nähe in einer Mühle liegenden französischen Abteilung Husaren, deren Uniform sehr stark derjenigen der preußischen Husaren glich. Das wollte man zur Überrumpelung ausnutzen. Die Franzosen ließen sich aber nicht täuschen, zogen sich viel mehr auf eine hinter ihnen stehende Abteilung von 200 Mann zurück und gingen ihrerseits zum Angriff vor. Mit großem Geschick gelang Zieten ein fast verlustloser Rückzug, der ihm im kaiserlichen Lager auf einen Schlag bekannt machte. General v. Flantz hob in seinem Bericht an den preußischen König hervor, daß Zieten sich bei dieser Aktion sehr tapfer gezeigt habe. Der König schrieb daraufhin an Zieten: *„Ich bin mit Euer in dem mit den Franzosen letzthin vorgefallenen Recontre bezugten Conduite zufrieden.“*

Im allgemeinen aber behagte Zieten und seinen Husaren die absolut passive Kriegführung wenig, so daß man im Übereifer leichtsinnig wurde. Eine Patrouille von 20 Husaren unter dem Kommando des Leutnants Bronikowski geriet in einen feindlichen Hinterhalt und wurde gefangengenommen. Insgesamt aber gestalteten sich die ständigen Beobachtungsritte zu einer guten Schule für die Kriegstüchtigkeit der preußischen Husaren und führten zur allgemeinen Anerkennung im kaiserlichen Lager. Am 15. August 1735 wurde in einem Gefecht mit weit überlegenen französischen Kräften ein großer Erfolg errungen, als man einen Capitain, einen Wachtmeister und 30 Mann gefangennahm sowie etliche Gegner tötete. Ähnliche „Husarenstreiche" trugen dazu bei, den Ruf der preußischen Husaren noch weiter zu verbessern. Bei einem Angriff auf die Spitze des sich rheinaufwärts bewegenden französischen Heeres am 29. August zeichneten sich die preußischen Husaren erneut durch ihre Kühnheit und Unerschrockenheit aus. Der Befehlshaber der österreichischen Husaren, Baranyai, unterbreitete daraufhin den Vorschlag, zur weiteren Ausbildung der preußischen Husaren einige seiner besten Offiziere zeitweilig dem preußischen König zu überlassen. Weitere militärische Aktionen kamen in diesem Krieg nicht mehr vor. Am 31. Oktober wurde der Frieden zu Wien abgeschlossen, die preußischen Truppen kehrten in die Heimat zurück.

Zieten hatte in dieser Kampagne seine Fähigkeiten als militärischer Führer weiter ausprägen und festigen, Kriegserfahrung sammeln sowie seine Truppe auch untereinander fest zusammenschweißen können. Die über ihn während des Feldzuges verfaßten günstigen Berichte an den König führten dazu, daß ihn dieser nach seiner Rückkehr am 29. Januar 1736 zum Major beförderte. Lediglich den königlichen Wunsch nach der Beschaffung „Langer Kerls" hatte Zieten nicht erfüllt. Ein Angeworbener erwies sich als zu klein, zwei anderen gelang noch rechtzeitig die Flucht.

Majors-Patent für Zieten

„Nachdem seine Königliche Majestät in Preußen, Unser allergnädigster König und Herr, die von dero Rittmeister bey des Obrist-Lieutenants von Wurm Corps Husaren, Hans Joachim von Zieten, bisher geleistete Treu-allerunterthänigste Dienste, wie nicht minder desselben gute Qualitäten, erworbene Krieges Experientz und in vorjähriger Campagne am Ober-Rhein rühmlichst bezeigete Vigilantz und Tapferkeit in allergnädigste Consideration gezogen, als sind sie dahero bewogen worden, denselben zur Bezeugung Ihrer vor ihn habenden Königlichen Gnade zu dero Major bey gedachtem Corps Husaren zu bestellen und anzunehmen. Thun das auch hiermit und in Krafft dieses Patents, also und dergestalth, daß allerhöchstgedachter Seiner Königlichen Majestät und dero Königl. hohem Hauße derselbe noch ferner getreu, hold und gehorsam

Seite 25:
Zieten als Major
(Gemälde von Hillebrand 1738).

Friedrich Wilhelm I.,
König in Preußen (1688–1740).
Gemälde von Johann Georg Wolfgang.

seyn, Dero Nutzen und Bestes überall suchen, Schaden und Nachtheil aber äußerster Möglichkeit nach verhüten, warnen und abwenden helffen, was Ihme als Major zu thun und verrichten oblieget, auch von denen Ihme Fürgesetzten demselben nach Gelegenheit commitiret und auffgetragen wird, mit gehöriger Treue, Fleiß und Eyffer bey Tag und Nacht exequiren und bewerckstelligen, sich davon nichts abhalten lassen, auch bei allen etwa fürfallenden Krieges-Begebenheiten mittelst willigster und ohngescheueter Darsetzung Leib und Lebens, Guths und Bluths, sich noch weiter also verhalten und bezeigen solle, wie es einem getreuen Diener und rechtschaffenem Krieges-, erfahrenem, wackerem Major eignet und gebühret, deßelben Eydes und Pflichte es erheischen, und S. Kgl. Maj. Allergnädigstes Vertrauen desfals zu Ihme gerichtet ist. Dahingegen und vor solche seine leistende Treu-allerunterthänigste Dienste wollen mehr allerhöchstgedachte S. Kgl. Maj. Dero Major von Zieten bey dieser Charge und allen Ihm daher zustehenden Prärogativen und Gerechtsamen zu aller Zeit in Gnaden schützen und maintenieren, auch hiernegst bey Gelegenheit auff Deßelben noch weiteres Avancement aller gnädigst bedacht seyn. Des zu Uhrkundt haben Seine Königliche Majestät dieses Patent Eigenhändig unterschrieben und mit Dero Gnaden-Siegell bedrucken laßen. So geschehen und gegeben.

Berlin den 29. Januarii 1736.
Fr. Wilhelm. Aufgedr. Siegel.“

Kurz nach Zietens Rückkehr vom Rheinfeldzug wurde sein bisheriger Chef, der Oberstleutnant v. Beneckendorff, wegen „Unregelmäßigkeiten“ vom König entlassen, seine Stelle erhielt der zum Oberstleutnant beförderte v. Wurmb vom Regiment v. Glaubitz. Der Infanterieoffizier v. Wurmb bewies wenig Verständnis für die Husarentruppe und geriet auch sehr bald mit Zieten in Streit. Beide Offiziere waren zudem temperamentvoll. Kurz vor dem Tode Friedrich Wilhelms I. kam es dann noch zu einem Duell zwischen beiden Offizieren, bei dem sie sich gegenseitig ziemlich schwer verwundeten. In einem Brief v. Maltzans wird über das Duell berichtet:

„Folgendes gehört wohl nicht in seinen Lebenslauf, obzwar es ihm alle Ehre macht: Zieten war wie bekandt ein Kleiner, aber zu seiner Zeit sehr adretter Mann, Wurm dagegen ein großer, starker Mann und besaß alle Vortheile, so zum schlagen gehörig, schoß und fochte außerordentl. Gut und hatte in seinem jüngeren Jahren ordentlich profession davon gemacht Händel zu suchen, wie er den auch 4-5 Menschen wirklich im Duel entleibet hatte; seinem Major Zieten aber mußte er nicht trauen, welcher recht gut mit ihm fertig ward, endlich aber Kurtz vor dem Tode König Friedrich Wilhelms erzürnten Sie sich mit einander und schlugen sich mit solcher Wuth, daß Sie nicht eher aus einander zu bringen gewesen, als biß beyde vor Mattigkeit und Verblutung nicht mehr konnten. Wurm hatte einige sehr gefährliche Hiebe am Kopffe und lag sehr lange,

Zieten hatte auch an dem Kopf und Hand was bekommen, aber nichts so gefährliches als Wurm, beyde aber waren doch sehr zerhauen und Zieten hatte den größten Rennomisten seiner Zeit zur raison gebracht.“

Am 25. November 1737 hatte sich Hans Joachim v. Zieten mit Leopoldine Judith v. Jürgaß verheiratet und einen eigenen Hausstand begründet. Nun konnte er bei den Aufenthalten in Wustrau die Unannehmlichkeiten des Dienstes unter einem ungeliebten Vorgesetzten vergessen.
Seine Frau kam aus dem gleichen wenig vermögenden Hause, aus dem auch seine Mutter stammte, so daß Zieten nach wie vor sehr knapp rechnen mußte.

Auszug aus dem Kirchenbuch von Wustrau über die Verheiratung Zietens

„1737 d, 25, November sind auf Königl. Specialbefehl im Hause copulirt der Hochwohlgeborne Herr Hans Joachim von Zieten, Königl. Preußischer Major unter den Husaren, mit Fräulein Leopoldine Judith von Jürgaß, Herrn Hauptmann von Jürgaß ältester Tochter.“

Husarenpatrouille (getuschte Federzeichnung von A. v. Menzel).

Zieten-Husar um 1770.

Im ersten Schlesischen Krieg

Am 31. Mai 1740 starb Friedrich Wilhelm I., der König, der Zieten nach anfänglicher Abneigung förderte und ihm Vertrauen schenkte. Der neue König, Friedrich II., sollte schon sehr bald auf die militärischen Qualitäten Zietens zurückgreifen. Bereits im Dezember 1740 eröffnete Friedrich II. mit dem Einmarsch seiner Truppen in Schlesien eine lange Kriegsperiode für sein Land, in deren Verlauf Zieten eine wesentliche Rolle spielen sollte. Der junge König hatte in dieser ersten großen militärischen Auseinandersetzung noch wenig eigene Kriegserfahrung, war also auf den Rat erfahrener Militärs, so etwa des Fürsten von Anhalt-Dessau – des „Alten Dessauers“ – , angewiesen. Zugleich bot sich in diesen kriegerischen Tagen für viele Offiziere der preußischen Armee die Möglichkeit, durch Eigeninitiative sich hervorzutun und eine entsprechende Stellung im Heer zu erlangen. Auch für Zieten wurde dieser Krieg entscheidend für seine weitere militärische Karriere: Als Major zog er ins Feld, als Oberst und Chef eines Husarenregiments kehrte er zurück. Ausschlaggebend hierfür waren seine Leistungen im „Kleinen Krieg“ sowie bei der weiteren Organisation und Ausbildung der noch jungen Husarentruppe.

Zu Beginn des ersten Schlesischen Krieges legte der König den absoluten Schwerpunkt seiner militärischen Anstrengungen auf die Infanterie. Die Bedeutung der Kavallerie und einer leichten Reitertruppe wurde ihm erst im Verlaufe der Feldzüge klar. Trotzdem begleiteten die drei Schwadronen der Leibhusaren Friedrich II. auf seinem Zug nach Breslau, wo sie mit ihm am 31. Dezember 1740 einzogen. Bis in die Jahresmitte 1741 wurden die Husaren fast ausschließlich zu kurzen Erkundungsritten der gegnerischen Stellungen verwandt. Lediglich im Februar dieses Jahres kam es in Oberschlesien zu einem Gefecht zwischen österreichischen und preußischen Husaren, das diese erfolgreich mit der Gefangennahme einiger Reiter gestalten konnten.

Zieten hatte schon aufgrund seines noch niedrigen Dienstranges wenig Gelegenheit, sich hervorzutun. Dennoch scheint der König mit ihm zufrieden gewesen sein, denn er schenkte ihm im Februar 1741 zur Belohnung für bisher geleistete Dienste ein Paradepferd. Inzwischen war fast ganz Schlesien ohne größere Gefechte von den Preußen besetzt. Friedrich II. sah sich durch alte Erbverträge im Recht auf den Besitz dieses Landes. Zieten stand um diese Zeit mit seinen Husaren im Korps unter dem General v. Schwerin in Oberschlesien und konnte zusammen mit seinen Reitern in zahlreichen kleineren Scharmützeln seine und die Fertigkeiten seiner Husaren verbessern. Immer deutlicher wurde gerade in dieser vorgeschobenen Stellung die Bedeutung einer leichten Reitertruppe. Bei den Österreichern sah man, wie effektiv deren leichte Truppen die Verbindungen zwischen den preußischen Einheiten zu stören vermochten. Am 10. April 1741 kam es bei Mollwitz zur ersten großen Schlacht dieses Krieges. Hier zeigte sich die bisherige Unterschätzung einer gut ausgebildeten Kavallerie in der preußischen Armee, als die angreifende österreichische Kavallerie im ersten Anlauf die auf dem rechten Flügel stehende preußische Kavallerie zersprengte und die Schlacht dadurch beinahe schon entschied. Die dadurch hervorgerufene Verwirrung in den preußischen Reihen veranlaßte Friedrich II. sogar zum Verlassen des Schlachtfeldes, da er er eine Niederlage seiner Truppen befürchtete. Den Oberbefehl übernahm nun Feldmarschall Kurt Christoph v. Schwerin. Der ausgezeichnet gedrillten preußischen Infanterie gelang es aber sehr bald, die angreifende österreichische Kavallerie zurückzuwerfen und zum Angriff überzugehen, die Schlacht wurde so noch gewonnen. Ein wesentliches Resultat dieses Kampfes aber war, daß nun dem Aufbau einer schlagkräftigen und gut ausgebildeten Kavallerie in der preußischen Armee wesentlich mehr Aufmerksamkeit gewidmet wurde. Vor allem die Schnelligkeit und Beweglichkeit der Reiter mußte erhöht werden. Vom alten Grundsatz des Einsatzes von großen und starken Pferden wurde rasch abgegangen und entsprechend zur Verwendung mittlerer Pferde übergegangen. Gleichzeitig wurde auch bei der Kavallerie so etwas wie der Drill bei der Infanterie verstärkt angewendet. Die einzelnen Reiter wurden nun einexerziert und auch die Zusammengehörigkeit zwischen Reiter und Pferd bewußt gestärkt. Zugleich wurde vom bis dahin üblichen Einsatz von Handfeuerwaffen vom Pferd aus auf den Kampf mit dem Säbel übergegangen. Für die nun wichtiger werdende Kavallerie war es notwendig, entsprechend befähigte Reiterführer zu finden. Hier sollte sich Zieten nun bald bewähren und hervortun.

Am 16. Mai 1741 schickte Friedrich II. seinen Flügeladjutanten v. Winterfeldt, den Oberst v. Wurmb, den Oberstleunant v. Bismarck sowie den an diesem Tag ebenfalls zum Oberstleutnant beförderten Zieten mit einer Abteilung von 600 Husaren und 300 Dragonern auf einen Erkundungsritt gegen österreichische leichte Reiterei unter der Führung Baranyais, des Lehrmeisters von Zieten im Feldzug 1735 am Rhein. Die vorwiegend aus Ungarn stammenden österreichischen Reiter hatten durch ihr erfolgreiches Wirken zahlreiche Lebensmitteltransporte der Preußen abgefangen und die Versorgung der preußischen Truppen so empfindlich gestört. Nach dem Aufbruch aus dem Lager bei Mollwitz erfuhr man durch Späher, daß eine feindliche Abteilung in Stärke von etwa 1300 Mann unter dem persönlichen Kommando von Baranyai bei dem Dorfe Rothschloß stand, die einen großen Lebensmitteltransport begleitete. Trotz der Überlegenheit des Gegners wurde ein Angriff beschlossen. Oberst Wurmb allerdings verweigerte seine Teilnahme. Zieten dagegen wollte sich seiner soeben erfolgten Beförderung würdig erweisen. Am 17. Mai stieß man auf die Österreicher, die sich vor einem sumpfigen Gebiet aufgestellt hatten. Während v. Winterfeldt mit seinen Dragonern die Rückzugsmöglichkeit des Gegners auf die offene Straße abschnitt, griff Zieten mit den Husaren an. Schon der

Friedrich der Große (Ölstudie von Ziesenis).

erste Ansturm war erfolgreich, der erschütterte Feind mußte sich auf einem schmalen Weg durch das Sumpfgebiet zurückziehen, wobei er 50 Mann an Toten verlor und 106 Mann in Gefangenschaft gerieten, darunter ein Oberst, ein Major und ein Rittmeister. Baranyai entkam mit knapper Not, nachdem ihm sein Pferd erschossen worden war und er ein Ersatzpferd von einem seiner Husaren erhalten hatte. Der gesamte Lebensmitteltransport fiel in die Hände der preußischen Reiter, die in dem Gefecht nur zehn Mann verloren. Zieten erhielt von seinem König für diese Tat den Orden pour le mérite.

Zwar war das Gefecht kein bedeutendes, aber es hatte bewiesen, daß die preußischen Husaren inzwischen den gegnerischen ebenbürtig waren. Die Ausbildung und Führung durch einen energischen und kühnen Offizier wie es Zieten war, hatte sich ausgezahlt. Die Legende will es übrigens wissen, daß der unterlegene österreichische Reiterführer Baranyai nach dem Gefecht von Rothschild an Zieten einen Brief geschrieben habe, in dem er die Leistung seines ehemaligen Schülers anerkannte.

Zwischen den beiden Führern der preußischen Husaren, den Oberstleutnanten v. Wurmb und v. Zieten, kam es nun immer wieder zu größeren Reibereien, die sogar in Schlägereien ausarteten. Das Klima für eine weitere gute Entwicklung dieser Truppe war regelrecht vergiftet. Der König nahm u.a. die Nichtteilnahme v. Wurmbs am Gefecht von Rathschloß zum Anlaß, den unfähigen und unwilligen Offizier aus der Truppe zu entfernen. Mit einem Gnadengehalt von 1000 Talern jährlich wurde er pensioniert. Zieten übernahm unter Beförderung zum Oberst die Stelle. Innerhalb von einem Monat war er vom Oberstleutnant zum Oberst avanciert, eine ungewöhnlich rasche Beförderung.

Dem Vertrauen seines Königs erwies er sich schon bald mit der Durchführung zahlreicher erfolgreicher Unternehmungen im „Kleinen Krieg" würdig. Zwar spielte die preußische Reiterei noch keine große Rolle in den Schlachtentscheidungen jener Zeit, aber umso mehr wurden die Züge der Zietenschen Husaren im Volk und in der Armee von einem romantisch-abenteuerlichen Nimbus verklärt und bekannt.

In diesem Krieg gab es vor allem auch große Schwierigkeiten mit der Sicherstellung der Verpflegung für die Truppen. In der Korrespondenz des Königs finden sich hierzu zahlreiche Belege. So wurden die durch kühne Überfälle der Husaren beim Gegner erbeuteten Lebensmittel durchaus bedeutsam. Der König äußerte sogar einmal, daß man sich in diesem Feldzug um jeden Wagen und jedes Faß Mehl schlage. Gerade in den 18 Monaten des ersten Schlesischen Krieges, wo es neben Mollwitz nur noch bei Chotusitz zu einer großen Schlacht kam, wurden Streifzüge kleinerer Abteilungen zu einem wichtigen Faktor der Kriegführung. Friedrich II. wurde die Bedeutung einer sorgfältig ausgebildeten Reiterei immer deutlicher.

Neben der Erhöhung der Zahl der Husaren kam es nun auch zur Gründung der Ulanen – einer neuen leichten Reitertruppe, die dem Kommado von Oberstleutnant v. Natzmer unterstellt wurde. Die Ulanen tauchten erstmals im Mai 1741 im Lager von Strehlau auf, wurden dort aber einfach zu früh schon im Gefecht eingesetzt.

Am 10. Juni 1741 wurde in der Nähe von Grottkau eine kleine preußische Husarenabteilung von überlegenen feindlichen Kräften angegriffen. Sie verteidigten sich im Herrenhof von Olbendorf. Friedrich II. ließ zu ihrem Entsatz die neugegründete Ulanentruppe vorgehen, zum Glück mit der Unterstützung durch Zietens Husaren. Denn die Ulanen gerieten nach anfänglichem Erfolg in harte Bedrängnis, da sie mit den Lanzen noch nicht genügend geübt waren, ja sich im Gefecht sogar gegenseitig aufspießten. In letzter Minute trafen die Husaren unter Zieten ein und konnten das Gefecht noch siegreich gestalten. Zieten verlor in diesem Kampf den ihm nahestehenden Rittmeister v. Lediwary. Erneut hatten die Husaren ihre Fähigkeiten erfolgreich unter Beweis gestellt. Wie ein Lauffeuer verbreitete sich die Nachricht vom siegreichen Gefecht in der Armee. Da ja sonst wenig militärische Aktionen stattfanden, steigerte sich das Ansehen Zietens gewaltig.

Innerhalb eines sehr kurzen Zeitraumes konnte die preußischen Kavallerie, dabei natürlich die Husaren, ihre Kriegstüchtigkeit wesentlich steigern. Noch unmittelbar nach der Schlacht von Mollwitz hatte Friedrich II. geäußert, daß die Kavallerie nichts wert sei, daß sie der Teufel holen möge. Aber bereits drei Monate später äußerte er: *„Unsere Kavallerie ist im besten Zustand der Welt.“* Und bei einer im Juli 1741 im Feldlager in Anwesenheit ausländischer Gesandter durchgeführten Revue präsentierte er seine neue Kavallerie öffentlich und sparte nicht mit Lob.

Zieten am 22. Juli 1741 als Sieger über seinen ehemaligen Lehrmeister aus dem Rheinfeldzug von 1735, den ungarischen Grafen Baranyai.

Bei der leichten Reiterei kam der Verdienst für den ausgezeichneten Zustand der Truppe allein Zieten zu, der geradezu besessen und unermüdlich um die Verbesserung des Ausbildungsstandes seiner Husaren bemüht war. Dabei scheute er keine eigene körperliche Anstrengung, schlief wie seine Soldaten im Zelt, zumeist sogar auf Stroh und konnte nur durch ständige Mahnungen seiner Gattin, mit der er während des ganzen Feldzuges einen regen Briefwechsel pflegte, zur Benutzung eines Feldbettes überredet werden.

Brief Leopoldine von Zietens vom 25. August 1741 aus Breslau an ihren Gatten

„Mein Hertzens-Mänchen,
Endlich bin ich nach vielem lamentiren und Hertzweh so glücklich, von Deinem wohlsein die angenehme versicherung zu erhalten und dazu die Zeitung von dem gehabten rencontre viel ehr eingelaufen, als mein Hertzchen sein briff, und da hier viel weitläufftiger davon gesprochen, auch alle andern Dames von Ihren Männer brieve bekahmen, so weiß ich, waß es mir wieder gekostet; doch gelobet sey die unermüdete Vattertreue Gottes, so bisher Dir in seinen Schutz genommen und noch ferner deß Erbarmens über uns nicht müde werden wird; allein, mein Engel, negligire Dir auch nicht ohne Noth, indehm man auch davon rechenschaft zu gehben; denn wie ist es möglich, daß bei so kalten Nächten die gesundheit kan conserviret werden, wenn man in Kein bette Kompt, weshalben ich nicht leugnen kan, daß Es mir manche Wunde im Hertzen schnied, daß mein Engel so schlecht vor Seine gesundheit sorgt und mir dadurch gleichsahm die marquen Deiner Zärtlichkeit mit endzihest; ich nehme mir daher abermahl die Freyheit, ohne permission den bettsack und bettstelle mitzusenden mit der instendigsten Bitte, doch Deiner leute comoditet, die so sehr genung eingerissen, nicht Deiner eigenen gesundheit und mir, die ich daß größer part daran nehme, vorzuziehen; ich hette gern daß tee zeug auch mitgeschickt; weil ich aber wohl weiß, daß mein hertzchen sich so viel nicht zu guthe tuhe, werde mir darüber erst nachricht außbitten, auch ob es nicht möglich, daß, wen das Lager eine Zeit stehen bleibt, ich daß glück haben kan bey mein Schätzchen zu sein; die Major Winterfeld ist heute schon weg nach ihrem Mann gegangen, und morgen gehen noch mehr Dames von hier, und will ich gern inconito sein und wenig Zeug mitnehmen, doch bin zufrieden, wie es mein Hertzchen am commodesten, nur daß einzige bitte ich mir auß, daß Du Dir nicht so erkältest, da Du mit Gicht und Cramff incommodirt, könte leicht eine contraction darauß entstehen. Da ich mir nun auß liebe zu Dir will ...treten lassen, so kan auch mit allem recht, mein Engel, pretendiren, daß Du Dir (meinet) halben in acht nimbst; ich werde... Kundschaft davon einziehen. Der ...Liptey liegt hier miserable Krank; d(er liebe) Gott helffe Ihm doch wieder auff, (damit) die Seinigen nicht mehr betrübt (werden). Den Cornet Langen habe heute zum (ersten) mahl wieder außgehen sehen, allein (er) ist so elend, daß er Kaum

gehen (kann); nun, mein hertzchen, ich Empfehle Dir noch ... der treuen obhuth Gottes und bitte mir alle mahl lieb zu behalten, die ich mit unveränderter treue Ersterbe

Mein hertzen Männchen
Deine treue Frau
de Zieten."

Im Lager von Frankenstein erfolgte dann die offizielle Ernennung Zietens zum Oberst. Die drei Schwadronen Leibhusaren sowie die drei Schwadronen der Bronikowskischen Husaren wurden unter der Führung Zietens zu einem Regiment vereinigt, das nun auch seinen Namen trug. Die Schlagkraft der preußischen Husaren steigerte sich unter seiner Führung immer mehr, die Bewunderung bei Freund und Feind wuchs. Mißerfolge im „Kleinen Krieg" waren äußerst selten, zumal wenn Zieten selbst führte. Er entwickelte nun auch seine besondere Taktik, eine kleinere Abteilung vorauszuschicken, mit den Hauptkräften versteckt zu folgen und dann im entscheidenden Moment in den Kampf einzugreifen und die feindlichen Kräfte zu schlagen. Selbst die auf österreichischer Seite kämpfenden Panduren, eine ziemlich zügellose und irreguläre Truppe, mußten die Überlegenheit der preußischen Husaren anerkennen.

Obersten-Patent

„Wir Friedrich von Gottes Gnaden König in Preußen, Marggraff zu Brandenburg, des Heil. Röm. Reichs Ertz-Cammerer und Churfürst, souverainer Printz von Oranien, Neufchatel und Vallangin, in Geldern, zu Magdeburg, Cleve, Jülich, Berg, Stettin, Pommern, der Caßuben und Wenden, zu Mecklenburg, auch in Schlesien zu Crossen, Hertzog, Burggraf zu Nürnberg, Fürst zu Halberstadt, Minden, Chamin, Wenden, Schwerin, Ratzeburg, Ost-Frießland und Moeurs, Graf zu Hohen Zollern, Ruppin, der Mark, Ravensberg, Hohenstein, Tecklenburg, Lingen, Schwerin, Bühren und Lehrdom, Herr zu Ravenstein, der Lande Rostock, Stargard, Lauenburg, Bütow, Arlay und Breda, Thun kund und fügen hiermit zu wissen: Nachdem Uns selbst bekand, mit was vor dexterité und application Unser bisheriger Major bey Unserm Leib-Corps Husaren, H. J. v. Zieten, Uns und Unserm Königlichen Hause nun viele Jahre her gute und nützliche Dienste geleistet, derselbe auch durch seine bey vielen Krieges-Begebenheiten und sonst bewiesene kluge Conduite und Bravoure sich meritiret gemachet, So haben wir zu Bezeugung Unserer besondern Zufriedenheit und um ihn von Unserer Königlichen Gnade zu versichern, denselben zu Unserm Obristen ernannt und declariret; Thun solches auch hiermit und in Krafft dieses Patents dergestalt und also, daß Uns und Unserm Königlichen Hause derselbe wie bishero so noch ferner getreu, hold und gewärtig seyn, Unsern Nutzen,

Bestes und die vermehrung der Ehre Unserer Waffen suchen und befördern, Schaden und Nachtheil aber, so viel an ihm ist, warnen und abwenden, was Wir demselben, es sey im Felde oder auch außer dem zu thun und zu verrichten anbefehlen oder von Unserer Ihme vorgesetzten Generalität nach Gelegenheit commitiren laßen werden, willig und unverdroßen mittelst ungescheueter Darsetzung Leib und Lebens, Guth und Bluts, so tages als Nachts exequiren und ins Werk richten, sich davon nicht abhalten laßen, auch sonst in allen und jeden Stücken noch weiter dermaßen aufführen und verhalten solle, wie seine Uns geleistete Eydes-Pflichte es erfordern und mit sich bringen, einem rechtschaffenen, wackern Soldaten und Kriegeserfahrenen klugen Obristen wohl anstehet, eignet und gebühret, auch Unser allergnädigstes Vertrauen desfals zu Ihme gerichtet ist. Dahingegen und für seine noch weiter zu leistende, treu- und allerunterthänigste Dienste soll Unser nunmehriger Obrister, der von Zieten, sich aller und jeder dieser Charge anklebenden Vor-Rechte und Avantagen gleichmäßig zu erfreuen haben, als bey welchen Wir Ihn zu aller Zeit in Gnaden schützen und mainteniren, auch bey Gelegenheit auf deßelben weitere Beförderung allergnädigst bedacht seyn wollen. Des zu Uhrekund haben Wir dieses Patent eigenhändig unterschrieben und mit Unserm Gnaden-Siegell bedrucken lassen.

So geschehen und gegeben den 22ten Julii 1741.
Fr. (eigenhändig)
aufgedr. Siegel"

Capitulation über ein Husaren-Regiment

Wir Friedrich (tit.tot. wie im Obersten-Patent) Thun Kundt und Fügen hiemit zu wissen. Nachdem Wir Allergnädigst guth gefunden, mit Unserm Leib-Corps Husaren eine Aenderunge vorzunehmen und aus bewegenden Uhrsachen sesolviret, Unsern Obristen von Wurm von dem bisherigen Commando deßelben gäntzlich zu dispensiren, So haben Wir bey dieser Gelegenheit die von Unserm bisherigen Major bey gedachtem Leib-Corps Husaren, Hans Joachim von Zieten, Uns und Unserm Königlichen Hause nun so viele jahre her geleistete Treu-allerunterthänigste und erspießlichste Dienste erwogen und billig zu seyn erachtet, denselben als einen Tapfferen und braven Officier, welcher bey so vielen Krieges-Begebenheiten eclatante Proben von seiner besondern Tapfferkeit und Bravoure bezeiget, zu recompensiren und denselben nicht allein zu Unserm Obristen von der Cavallerie zu ernennen, sondern ihm auch die bisherige drey Esquadrons von Unserm Leib-Corps Husaren nebst noch drey andern Esquadrons als ein besonderes Regiment zu conferiren und anzuvertrauen. Wir thun solches auch, übergeben ihme, gedachtem Unserm Obristen von Zieten, vorbenandtes Regiment Husaren hiemit und in Krafft dieses und haben denselben darüber mit nachstehender Capitulation versehen wollen, und zwar:

1. *Anfänglich und zuforderst soll gedachtes Regiment Husaren seinen, Unsers Obristen von Zieten Nahmen hinkünfftig führen, er das Commando darüber haben und alle dabey sich befindliche hohe und Niedrige Officier sambt Gemeinen ihm, als ihren fürgesetzten Chef und Obristen, allen schuldigen Respect und Gehorsam erweisen.*

2. *Welchemnechst Er dann Sorge zu tragen, daß dieses Regiment jedesmahl in gutem und completem Stande erhalten und Kein Platz von einem gemeinen zum längsten in Friedenszeiten über acht Tage vacant bleibe, sondern noch eher, wenn es möglich, wieder besetzet, Officier sowohl als Gemeine zu Beobachtunge ihrer Schuldigkeit angewiesen, auch dasjenige, was auff ihre Verpflegunge von zeit zu Zeit assigniret und gezahlet wird, denenselben samt und sonders, ohne unzuläßige Abzüge gereichet werde. Inmaßen dann bemeldtem Regimente alles, was denen andern, es sey jetzo oder hinkünfftig, an Sold, Verpflegunge, Unterhalt, Proviant oder sonsten angewiesen wird, ebenmäßig assigniret und entrichtet werden soll.*

3. *Wir verleihen auch Unserm Obristen von Zieten bey diesem Regimente die Jurisdiction in Civil- und Criminal-Sachen, und wird Er dasjenige, was Recht und Billigkeit, auch Unsere Krieges-Artikel mit sich bringen, jedesmahl bey Vofallenheiten zu decidiren und zu verabscheiden wißen, jedoch hatt derselbe vor Publication und execution der Uhrteile in Sachen, so die Ober-Officier des Regiments betreffen, wie auch in allen und jeden sachen, welche die Lebens-Straffe nach sich ziehen, als bey Homicidial-, Duel- und dergleichen Capital-Verbrechen, wenn vorher durch ein besetzt gewesenes und vereydetes Krieges-Recht darüber gesprochen worden, Uns die verhandelte Juris-Dictions-Acta nebst darauf abgefaßten Sprüchen zu weiterer Verordnunge einzusenden. Alle übrige, bey dem Regiment abgesprochene Uhrteile aber, welche auf Gassenlauffen, es sey auff so vielmahl es wolle, oder anders arbitraire Straffen ausfallen, solche soll Unser Obrister der von Zieten, ohne darüber vorhero Unsere Confirmation einzuhohlen, zur Execution bringen zu lassen befuget seyn.*

4. *Ihm Fall auch ein und andere Officier bey mehrgedachtem Regiment Husaren ihrer so weith vergäßen, daß Sie wider Unsern Articuls-Brieff handelten oder sonst durch andere grobe Excesse sich vergriffen, so hatt Unser Obrister, der von Zieten, zwar Macht dieselbe zu suspendiren, nicht aber zu cassiren, und muß davon allemahl Uns berichtet werden.*

5. *Soll unser Obrister der von Zieten sich eußerst angelegen seyn lassen, daß Unserm Reglement vor die Ober-Officier, sowohl was die Einquartirungen, als Märsche und Werbun-*

gen anbelanget, auf das allergenaueste nachgekommen werde, damit in unserem Lande alle Excesse vermieden und unsere Unterthanen, an deren Wohlfahrt die Conservation Unseres Kriegs-Stats hanget, beybehalten werden, welches allen Subalternen aufs schärffste einzubinden.

6. *Wenn von diesem Regimente Officier oder Gemeine vor dem Feind bleiben oder sonst mit Tode abgehen, deren Verlassenschaft bleibt, Kriegs-Gebrauch nach, denen nächsten Anverwandten.*

Der beschädigten und blessirten von obigem Regiment werden Wir Uns nach Befinden jedesmahl allergnädigst annehmen und dieselbe mit nothdürftigen Lebens-Mitteln versehen laßen.

8. *Da Wir auch denen Regimentern nur deutliche Ordonnanz vorschreiben lassen, wie es dabey im Detail und sonst in ein und andern gehalten werden soll, als wird Unser Obrister von Zieten derselben in allen Stücken bey diesem ihm untergebenen Regi-ment Husaren nachzukommen geflissen seyn, so wie oberwehntes Unser Reglement lautet und es vorschreibet.*

9. *Alles, was obgedachtes Detail angehet, davon muß directe an Uns berichtet werden, worauf Wir einen jeden mit behörigen Ordres versehen laßen wollen.*

10. *Und wie Wir bey Straffe der Cassation durchaus nicht wollen, daß denen Neubestellten Officiren hinkünfftig weiter drey Monathe von ihrem Tractament abgezogen und immer behalten werden sollen, allermaßen bey Abgang eines oder des anderen Officiers und in Fällen, wenn Wir deßen Stelle nicht gleich wiederum besetzen, das Tractament bey der Regiments-Casse zu verwahren und solches dem neuen Officier bey seiner Ankunft im Regiment auszuzahlen ist, So hatt mehrgedachter Unser Obrister der von Zieten auch dieses bey obigem Regiment Husaren dergestalth observiren und bey Vermeidung obgedachter Straffe der Cassation von denen sich erledigenden Tractaments-Geldern nichts einbehalten zu laßen.*

Und Wir Friderich von Gottes Gnaden König in Preußen übergeben also und jetztgedachtermaßen obbemeldtes Regiment Husaren an Unsern Obristen von Zieten, geloben und versprechen ihm auch alles und jedes, was obstehet, und daß Wir ihn bey allen Prärogativen und Emolumenten, so bisher sind gebräuchlich gewesen, schützen und dieselbe ihme genießen laßen wollen.
Zu deßen mehrern Uhrkund haben Wir diese Capitulation Eigenhändig unterschrieben und mit Unserm Gnaden-Siegell bedrucken laßen.
So geschehen und gegeben Berlin den 24. July 1741.“
Fr. (eigenhändig).

In den folgenden Wochen kam es in Schlesien nicht mehr zu größeren Kampfhandlungen. Mit der in den Geheimverhandlungen zwischen Österreich und Preußen zu Kleinschnellendorf vereinbarten vorläufigen Waffenruhe endeten die Kämpfe für das Jahr 1741. Bereits am 31. Oktober erhielt Zieten den Befehl zum Bezug der Winterquartiere in Niederschlesien in Wohlau, Guhrau, Militsch, Trachenberg, Auras, Tschirnau und anderen Orten in deren Umgebung. Eine genaue Disposition des Königs legte die Menge der Lieferungen an Futter und Proviant fest. Zieten selbst war bemüht, die Belastungen der Bewohner durch seine Truppen möglichst gering zu halten. Eine persönliche Bereicherung im Kriege bzw. durch den Krieg kam für Zieten nicht in Frage. In der Ordre Friedrichs II. hieß es dazu:

„Alles plündern, rauben und stehlen soll auf das schärffste verbohten, und wenn demungeachtet dergleichen geschehen, selbe schwer und empfindlich bestrafet werden, es geschähe von Soldaten, Knechten oder Weibern, als welche beide letztere insonderheit in scharffe Aufsicht gehalten werden sollen."

Auch die Offiziere waren angehalten, von den Quartierswirten keine Zusatzleistungen zu verlangen oder etwa eine Art Schutzgeld dafür, daß sie für Zucht und Ordnung unter ihren Untergebenen sorgten. Für die Belastungen durch den Krieg erhielten die Offiziere besondere Winterquartierdouceurgelder vom König. Aber trotz dieser Ermahnungen und Befehle kam es immer wieder zu Übergriffen, auch durch Zietensche Husaren. Denn die alte Gewohnheit des Plünderns war nicht so leicht abzustreifen.

Auch die Zeit in den Winterquartieren erforderte vom Regimentschef viel Einsatz. Täglich waren die Übungen anzuordnen und zu kontrollieren. Vor allem mußte die fehlende Mannschaft ersetzt werden, waren Pferde anzukaufen. Über diese Probleme gab es mit dem König eine lebhafte Korrespondenz.

„Der König (Friedrich II.) in Gefahr" (Stich von A. v. Menzel).

Der König war zwar inzwischen in Berlin, sah sich aber aufgrund der Kriegsvorbereitungen des Gegners veranlaßt, schon im Dezember zur Armee zurückzukehren. Bereits am 28. Dezember erfolgte an den Feldmarschall v. Schwerin der Befehl, die in Mittel- und Niederschlesien stehende Kavallerie nach Oberschlesien zu verlegen, um bei seinem Erscheinen in Schlesien bald die Operationen eröffnen zu können. Selbst unmittelbar vor der Abreise nach Schlesien verhandelte Friedrich II. noch mit seinem Generalquartiermeister v. Massow über die Anschaffung neuer Karabiner für die Husaren, damit diese rasch in der Praxis erprobt werden konnten. Mitte Januar 1742 begab sich der König über Dresden, wo er die sächsischen Truppen mit seinem Korps vereinigte, zur Armee nach Schlesien, wo er am 28. Januar im Lager von Olmütz eintraf. Meist nur in Begleitung weniger Truppen und von etwa 400 Husaren unter Zieten begab sich Friedrich II. über Wischau, Silowitz nach Trebitsch. Hier kam es am 12. Februar zu einem Scharmützel mit zwei Eskadrons österreichischer Kürassiere, die dabei etliche Tote hatten und 18 Gefangene verloren.Vom vorläufigen Hauptquartier des Königs in Zaim aus unternahmen die Zietenschen Husaren zahlreiche Erkundungsvorstöße. In den letzten Februartagen stieß dabei eine größere preußische Abteilung unter dem General Posadowsky sowie dem Oberst Schmettau in Stärke von drei Bataillonen und 2000 Pferden zu einem Aufklärungsritt bzw. zur Beschaffung von Lebensmitteln bis weit ins österreichische Mutterland vor. Zietens Husaren kamen dabei bis in die unmittelbare Nähe von Wien, bis zu Dorf Stockerau, von wo man schon die Silhouette des Stephansdomes sehen konnte. Soweit sollten sich preußische Truppen nie wieder Wien nähern. Das Erscheinen der preußischen Husaren führte in der österreichischen Metropole zu einer Panik, da man die preußischen Hauptkräfte unmittelbar vor den Toren der Stadt vermutete, zumal zahlreiche Bauern aus der Umgebung nach Wien flüchteten. Zieten allerdings trieb nur Kontributionen und Lebensmittel ein und kehrte zu seiner Hauptabteilung zurück.

Aus von den Husaren abgefangenen Briefen wurde zudem ersichtlich, daß die österreichische Armee in Kürze wesentliche Verstärkung aus Ungarn erhalten sollte. Schon bald tauchten die ersten Abteilungen des ungarischen Aufgebots auf und veranlaßten Friedrich II. die geplante Unternehmung gegen Mähren aufzugeben und sich nach Böhmen zurückzuziehen. Ein Gegenstoß von 5500 Mann zu Fuß und 3000 Reitern unter dem Prinzen Dietrich von Anhalt, bei denen sich auch Zieten befand, brachte einen kleinen Teilerfolg. Am 10. März gelang die Eroberung des mährisch-ungarischen Grenzschlosses Göding. Unter dem Feuer österreichischer Truppen erfolgte der Übergang über die March. Die Husaren unter Zieten brachten zahlreiche Gefangene ein. In einem Gefecht bei Skalitz wurde eine feindliche Husarenabteilung aufgerieben. Nach dem Vordringen bis in den Prerauer Kreis und noch einigen kleineren Scharmützeln war das preußische Korps am 30. März mit 600 Gefangenen wieder im königlichen Lager. Am 5. April zog der

König mit dem größten Teil der Truppen nach Böhmen ab. Prinz Dietrich sollte mit seinem Korps, bei dem sich auch Zieten mit seinen Husaren befand, Mähren solange als möglich halten und sich dann mit den Kräften des Prinzen Leopold von Dessau bei Jägerndorf und Troppau vereinigen.

Aus diesen Tagen stammt eine „Disposition, wie ein Husaren-Regiment in Esquadrons formirt werden soll" des Königs, in der bis ins kleinste Detail das Exerzieren und die kavalleristischen Übungen für die Husaren festgelegt waren. Bereits am 21. März 1742 war eine Instruktion Friedrichs II. für die Obersten und Offiziere der Husarenregimenter ergangen. Als Schwerpunkt für die Ausbildung war darin *„gut reiten lernen, geschwinde und hurtig satteln und gut mit dem Säbel umgehen"* festgehalten. Weiter hieß es: *„Wir verlangen von Unsren Husaren, daß sie in der Schlacht das gleiche leisten wie die Kürassiere und Dragoner."* Zugleich seien die Husaren *„die Augen und Ohren"* der Generale.

Bereits beim schwierigen Rückzug des Korps unter Prinz Dietrich nach Schlesien bewährte sich Zieten mit seinen Husaren erneut. Am 18. April gelang dabei bei Schnobolin den preußischen Husaren wieder ein Erfolg gegen überlegene feindliche Kavallerie. Beim am 23. April beginnenden endgültigen Rückzug aus Mähren kommandierte Zieten die Nachhut und hatte dabei ständig Gefechtsberührung mit den nachdrängenden leichten Truppen der Österreicher, die die marschierenden Kolonnen ständig beunruhigten und versuchten, preußische Versorgungswagen zu erobern. Mit relativ leichten Verlusten kam man im königlichen Lager an. Wenige Tage später trug dann die preußische Kavallerie am 17. Mai 1742 wesentlich zum Sieg in der Schlacht bei Chotusitz bei, die den ersten Schlesischen Krieg beendete. Zieten war an der Schlacht nicht beteiligt, da er sich zu dieser Zeit beim Korps des Fürsten Leopold von Dessau befand, das mit der Deckung Schlesiens beauftragt war. Er traf erst am 21. Mai im Lager des Königs ein. Im Frieden von Breslau vom 28. Juni 1742 erhielt Preußen Ober- und Unterschlesien mit der Grafschaft Glatz zugesprochen. Gleichzeitig verließ Preußen das Bündnis der gegen Österreich gerichteten Kräfte und übernahm sogar die österreichischen Schulden in Schlesien in Höhe von 1,7 Millionen Gulden gegenüber England.

Zieten hatte in diesem Kriege sein Talent als Reiterführer bewiesen. Bei der Ausbildung und Formung der Husarentruppe war er allerdings nicht der einzige gewesen, neben ihm wirkten vor allem auch v. Bronikowski, v. Haacke und v. Soldau. Hervorgehoben hatte sich Zieten durch umsichtiges und energisches Handeln sowie seine Redlichkeit, die sich sehr von der noch allgemein üblichen Wildheit der Kriegführung in jenen Tagen unterschied. Bei seinen Untergebenen genoß er ein hohes Ansehen, trotz seiner energischen Maßnahmen gegen Plündern im Feindesland und undiszipliniertes Verhalten. Ja, schon hier enstand der Ruf als „Vater des Husarenkorps".

Friedenszeit und Garnisondienst

Am 30. Juni 1742 war Zieten mit seinen Husaren wieder in Berlin eingezogen. Der König war sofort an die Auswertung der Kriegserfahrungen gegangen und kümmerte sich um die Vorbereitungen für einen neuen Feldzug, den er bald vermutete, da der Besitz Schlesiens längst nicht gesichert war. Wie intensiv er sich um die Armee kümmerte, zeigt das Jahr 1743, als er innerhalb eines Monats in Küstrin, Magdeburg und in Schlesien insgesamt 88 Bataillone und 153 Eskadrons inspizierte. Aber auch in der Militärverwaltung war der König unermüdlich tätig.

Zieten erhielt im Rahmen dieser militärischen Anstrengungen im Mai 1743 den Befehl, die beiden in Köpenick bei Berlin stehenden Schwadronen des schwarzen Husarenregiments auszubilden und *„ihnen das, was im Dienst beobachtet werden muß, beizubringen"*. Schon bei einer am 27. Mai durchgeführten Revue in Schöneberg bei Berlin bestand diese Husarentruppe vor den Augen des Königs. Neben den Zieten-Husaren standen noch elf Regimenter. Die zahlreichen Zuschauer konnten an diesem Tage zum ersten Mal eine wesentlich verschönerte Uniform der Husaren bewundern. Die Offiziere trugen statt der allgemein gebräuchlichen Mäntel erstmals die ihnen von der Königin-Mutter und dem König geschenkten Tigerdecken, die mit Gold verziert waren und deren Ränder mit Zobelfell eingefaßt waren, über dem Dolman. Der Regimentschef und der Rittmeister trugen an ihrer Zobelmütze einen beweglichen Adlerflügel. Die übrigen Offiziere hatten an ihren Mützen Reiherfedern. Die Mannschaften trugen statt Mützen aus Wolfspelz welche aus Biberfell.

Einige Tage später nahm der König eine Spezial-Revue seiner Husaren ab, bei der einige Schwadronen Feldoperationen – Angriff, das Auflauern von Bagagewagen u.ä. – vorführen mußten. Derartige Übungen fanden dann ziemlich regelmäßig statt. Dabei wechselten reine Kavallerieübungen mit solchen in Kombination mit der Infanterie. Im August fand eine Felddienstübung der Gens d'Armes und der Husaren vor dem Hallischen Tor von Berlin statt, im September übten die Zieten-Husaren gemeinsam mit den Potsdamer Grenadieren. Die praktischen Übungen waren dabei stets von theoretischen Unterweisungen begleitet, die gleichfalls vom Regimentschef zu organisieren waren.

1743 entwirft Friedrich II. auch seine bedeutsamen Reglements für die Kavallerie und die Husaren. Für die Husaren legte der König das Schwergewicht auf die Geschwindigkeit in den Bewegungen sowie auf die Leichtigkeit der Reiter. Er verlangte, daß ein Husar so perfekt reiten konnte, daß er, wenn das Pferd in vollem Lauf sei, mit der Hand vom Erdboden etwas aufheben und ein Husar dem anderen im vollen Galopp die Mütze abnehmen könne. Auf engstem Raum müsse der Husar

Seite 40:
Hans Joachim von Zieten (Pastell von Cunningham, ursprünglich in Besitz der Grafen von Zieten-Schwerin in Wustrau).

Husar vom Regiment Nr. 7 (1743 v. Dienry).

in der Lage sein, jegliche Wendungen mit seinem Pferd auszuführen. Neben der Verwegenheit des Handelns verlangte der König auch ein ruhiges Abwägen der Aktionen und Verständnis für die Dispositionen – Aufgabenstellung – durch den Offizier. Erst wenn dies geschehen sei, könnten Schnelligkeit und Kühnheit der Ausführung von wirklichem Nutzen sein. Ebenso hebt das Reglement die Zusammenwirkung mit den übrigen Truppen hervor. Dann folgen wieder Verweise auf die Besonderheiten der Husarentruppe, vor allem auf die Bedeutung des Kampfes mit der blanken Waffe, dem Säbel. Hierzu heißt es im Reglement:

„Weil aber überhaupt aus allem Husaren-Schießen nichts wird, müssen die Regimenter den Feind, wofern er schwächer, wie sie sind, wohl geschlossen mit dem Säbel in der Faust attaquiren und vor sich wegjagen." Zieten wurde in einer besonderen Ordre angewiesen, seine Husaren fleißig *„im Hauen zu exercieren"*. Für diese Übungen sollte er Köpfe aus Holz oder Karton machen lassen und diese dann an Stricken oder Ketten befestigen, damit die Husaren im Reiten nach diesen hauen konnten.

Neben den Bestimmungen für den Felddienst enthielt das Reglement auch solche für den spezifischen Husarendienst, die Auskundschaftung des Feindes, die Beobachtung seiner Bewegungen. Dazu hieß es: *„Wenn große Commandos von 2,3 oder 4000 Husaren aus der Armee geschickt werden, so muß ein General oder Oberst, der dies Corps commandirt, sein wie eine Spinne in der Spinnwebe, welche man nicht anrühren kann, ohne daß sie es nicht fühlet; ebenso darf auf ihn nichts Feindliches kommen, ohne daß er nicht lange vorher davon avertiret ist."*

Für die Beobachtung des Feindes werden den Husaren-Obersten sogar Geldmittel zur Anwerbung von Spionen in Aussicht gestellt. Der Aufrechterhaltung strengster Disziplin widmet der König besondere Aufmerksamkeit. Gerade im Garnisondienst gelang es Zieten nicht, Ordnung und Manneszucht in ausreichendem Maße durchzudrücken. So kann man in einem Brief Friedrichs II. von 1743 an seinen Bruder, den Prinzen Wilhelm, lesen, daß die schlesischen Husaren disziplinmäßig besser seien als die von Zieten. Weiterhin bemängelt der König, daß, wenn der Chef des Regiments an die anderen Stabsoffiziere, die Rittmeister und die Subalternoffiziere etwas befehle, diese Befehle nicht mit dem schuldigen Gehorsam und Fleiß ausgeführt werde. Ja es komme sogar vor, daß einige Offiziere, wenn etwas befohlen werde, *„pro und contra disputiren und zuvor raisonnements geben, ob es recht ist oder nicht"*. Die Wiederholung solcher Vorfälle wird bei voller königlicher Ungnade verboten.

Auch für das Privatleben der Offiziere enthielt das Reglement harte Bestimmungen. So etwa gegen das leichtsinnige Schuldenmachen der Offiziere. Kein Offizier vom Rittmeister abwärts sollte ohne Wissen des Regimentskommandeurs Geld borgen. Der König betonte ausdrücklich, daß ein Offizier, der von Hause aus keine Mittel habe, mit seiner Gage – Löhnung – auskommen müsse. Jeder, der ohne Wissen des Kommandeurs Schulden mache, sollte, gleich ob er sie bezahlt oder nicht, in Arrest gesetzt werden. Das Geld sollte ihn sodann vom Gehalt abgezogen werden. Diese Schulden sollte aber nicht der Gläubiger erhalten, sondern sollten an die Invalidenkasse abgeführt werden, damit in Zukunft keiner mehr gegen den ausdrücklichen Befehl des Königs Geld verleihe.

Zieten-Husaren (Nr. 2) um 1750.

Ebenfalls aus wirtschaftlichen Gründen enthielt das Reglement Bestimmungen, die eine Verheiratung der Offiziere erschweren sollten. Den Subalternoffizieren bis zum Rittmeister wurde das Heiraten verboten. Die höheren Dienstgrade bedurften der ausdrücklichen königlichen Genehmigung, die er zwar nicht versagen wollte, wenn der Offizier eine gute Partie machte, durch welche er sich wirtschaftlich *„helfen kann"*, generell aber wünschte der König den unverheirateten Offizier.

Neben den praktischen Fertigkeiten verlangte der König auch theoretische Kenntnisse von seinen höheren Offizieren. Die Regiments- und Eskadronschefs mußten ihm von Zeit zu Zeit schriftliche Dispositionen über ihr Verhalten in bestimmten Aktionen im Felde einreichen, die er meist sorgfältig las und auswertete. Auch Zieten blieb davon nicht ausgenommen. Seine und die des Rittmeisters v. Ostrowsky wurden vom König als die besten erklärt. Ganz im Gegenteil zu der später im Volk kolportierten Legende, daß Zieten überhaupt nicht habe Schreiben und Lesen können, zumindest aber nur sehr ungeschickt mit der Feder habe umgehen können, gehörte er zu den Offizieren, die eine ziemlich gute und deutliche Handschrift besaßen und der zudem oft selbst schrieb. Zwar war seine Orthographie recht eigenwillig, aber da befand er sich mit fast allen Zeitgenossen in bester Eintracht. Zahlreiche Schreiben an den König oder Briefe an seine Frau zeigen seine feste Handschrift, die gut lesbar ist.

In seinem Husarenregiment wollte Zieten schließlich auch so etwas wie ein Vater sein, der sich um seine Untergebenen kümmerte. Aus seiner Feder stammen zahlreiche Eingaben an den König, in denen er sich für materielle Verbesserungen für Offiziere seines Regiments einsetzte. Für die im schlesischen Feldzug verwundeten Soldaten erbittet er vom König die Gewährung von Gnadengehältern bzw. eine Zivilversorgung, wenn sie aus Altersgründen aus der Armee aussscheiden mußten. Hier wirkte sich sicher aus, daß Zieten selbst aus ärmlichen Verhältnissen stammte und selbst als Oberst noch mit finanziellen Engpässen zu kämpfen hatte, weil er kaum Zeit fand, sich um die Fortentwicklung seines Gutes in Wustrau zu kümmern. Nur sehr selten und für kurze Zeit war er hier, manchmal aber allein deshalb, weil ihm das Leben in Berlin zu teuer war. So bat er den König sogar um so etwas wie eine „Ortszulage" für Berlin. Dieser aber antwortete, daß er sehr

„Bei allen Bataillen in freiem Felde muß die Cavallerie gleich auf den Feind losgehen und ihn attaquiren, das ist eine Hauptregel und mein ernstlicher Befehl (Friedrich II.)“

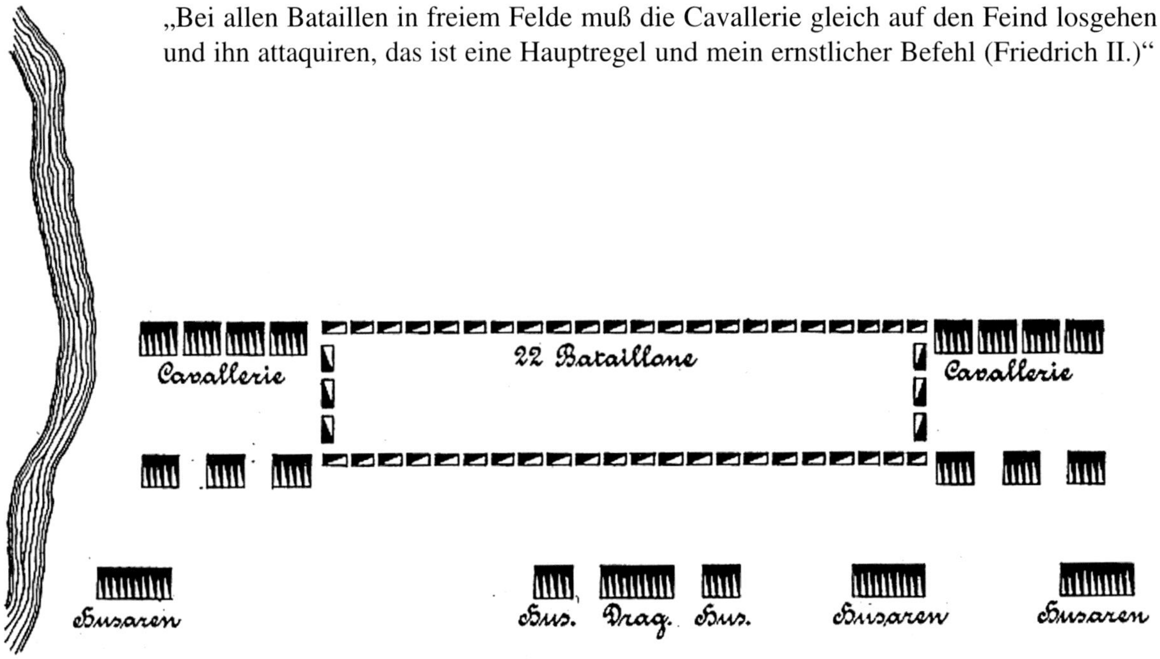

Plan 7 der Generalprinzipien Friedrichs des Großen.

schnell befördert worden sei und eigentlich mit seiner Löhnung auskommen sollte. Er müsse sich gedulden, bis er eine Gelegenheit zu seiner weiteren Beförderung finden werde. Indirekt aber half der König, indem er Zieten für Umbauten in Wustrau erhebliche Mengen Baumaterial, vor allem Bauholz und Kalksteine aus Rüdersdorf, schenkte.

Bei den Veränderungen auf dem Gut in Wustaru wurde Zieten von seiner Frau kräftig unterstützt. Überhaupt scheint das Verhältnis zwischen den beiden Gatten sehr herzlich gewesen zu sein. Briefe von und aus dem Feld sprechen eine deutliche Sprache. Trotz seiner knappen Zeit hatte Zieten offensichtlich eine Neigung zu einem erfüllten Familienleben. Sein erster Sohn wurde am 9. April 1743 auf den Namen Friedrich Karl getauft.

Im zweiten Schlesischen Krieg

Im Frühjahr 1744 verdichteten sich erneut die Kriegswolken über Preußen. Zieten hatte vom König bereits im März eine Kabinettsordre erhalten, in der den Offizieren des Regiments empfohlen wurde, sich statt „Domestiken“ (Dienern) Jäger oder ähnliche Leute zu halten, da ihnen diese *„in vielen Vorfallenheiten“* von besonderem Nutzen sein können – eine indirekte Vorbereitung auf einen neuen Krieg.

Zieten selbst erkrankte im Frühjahr 1744 ziemlich schwer. Sein im ersten Schlesischen Krieg durch die Strapazen geschwächter Körper litt unter Gicht- und Krampfanfällen. Überhaupt besaß Zieten eine schwächliche körperliche Konstitution, die er aber durch einen eisernen Willen ziemlich kompensieren konnte. Nunmehr aber verstärkten sich die Gichtanfälle derartig, daß Gattin und Umgebung ernsthaft besorgt waren. Wie diese Krankheit überwunden wurde, ist nicht bekannt. Höchstwahrscheinlich trug eine entsprechende Kur dazu bei. Zietens Gesundheitszustand wurde aber soweit wiederhergestellt und stabilisiert, daß er seinem König in den neuen Feldzug folgen konnte.

Mitte August 1744 bewegten sich die preußischen Korps durch Sachsen in Richtung böhmische Grenze. Bereits am 25. Juli hatte Zieten den Marschbefehl für sein Regiment erhalten. Dem Befehl waren ausführliche Anordnungen über das Mitführen von Offiziersgepäck beigegeben, außerdem die Reduzierung der Anzahl der mit ins Feld ziehenden Frauen angeordnet. Für die zurückbleibenden Frauen gab der König die Versicherung, sofern diese während der Abwesenheit ihrer Männer nicht in der Lage waren ihren Lebensunterhalt zu bestreiten, dafür Sorge zu tragen. Vor dem Abmarsch nach Sachsen erhielt Zieten am 9. August eine zweite königliche Order, in der festgelegt war, das sein Regiment einen Teil der Vorhut des Heeres zu bilden habe und er beim Durchmarsch durch Sachsen besonders streng auf die Einhaltung von Disziplin und Ordnung zu achten habe. Sachsen war ja nur unter der Versicherung, daß die preußische Armee als kaiserliches Hilfskorps fungiere, der Durchzug durch Friedrich II. gestattet worden. Deshalb wiesen strenge Anordnungen darauf hin, daß alle Lebensmittel nur gegen Bargeld zu erwerben waren, die Bevölkerung durch keinerlei Maßnahmen bedrückt werden sollte.

Die Vorhut des preußischen Heeres bestand außer dem Zietenschen Regiment aus den Husarenregimentern Bronikowski und Rüsch, dem Grenadierbataillon v. Wedell und dem Leibgarde-Grenadier-Bataillon. Der Marsch begann am 25. August und führte zuerst durch das Elbsandsteingebirge bis Aussig. Ständig waren Husaren als Erkundungstrupps unterwegs. Dabei stieß eine Abteilung unter Oberstleutnant v. Billerbeck auf eine starke feindliche Husarentruppe. Man kehrte rasch zurück und

Zieten-Husar um 1806.

erstattete Meldung. Daraufhin sandte das Oberkommando Zieten mit einer aus drei verschiedenen Husarenregimentern zusammengesetzten Abteilung von etwa 1200 Reitern aus, um den Feind aus der Gegend von Schlanitz zu vertreiben. Wiederum traf Zieten hier auf Husaren seines ehemaligen Lehrmeisters Baranyai. Bei Schmettschan-Muncifay trafen die beiden Reiterabteilungen aufeinander. Wieder behielten die preußischen Husaren die Oberhand, 40 Gefangene wurden eingebracht und 60 Tote und Verwundete hatte der Gegner zu beklagen, die preußischen Verluste betrugen nur 14 Mann.

Zieten erhielt dann die Aufgabe, mit 100 Husaren die Gefangenen ins Lager des Königs nach Budin zu schaffen. Danach kehrte er zur Vorhut zurück und kämpfte im Verein mit seinen Husaren in ständigen Scharmützeln mit dem gegnerischen Husarenregiment, bis dieses faktisch aufhörte zu bestehen. Die Husaren seines Regiments hatten in diesen Gefechten den gefallenen österreichischen Husaren die Säbeltaschen abgenommen und trugen sie nun, weil sie ihnen besser als die eigenen gefielen. Als man Mitte September vor Prag stand, war dann das gesamte Regiment mit solchen Satteltaschen ausgerüstet. Bei der Belagerung von Prag, das bereits am 16. September von den preußischen Truppen besetzt wurde, spielten die Husaren keine Rolle, vielmehr kamen sie wieder bei den Vorstößen ins südliche Böhmen zum Einsatz. Zusammen mit dem Husarenregiment v. Natzmer stießen Zietens Reiter im Rahmen der Vorhut bis Tabor vor. Beim Dorfe Klokotty traf man auf die dort zusammengezogenen feindlichen Husarenregimenter, die unbedingt ein weiteres Vordringen der Preußen verhindern sollten. Zieten ließ seine Reiter sofort angreifen. Schon im ersten Ansturm warf man den Gegner und trieb ihn in wilder Flucht bis unter die Tore von Tabor, wo sich Flüchtenden stauten und so die Zieten-Husaren noch etliche Gefangene machen konnten. Nach drei vergeblichen Ausbruchsversuchen kapitulierte die österreichische Besatzung Tabors noch am selben Tag. Zietens Regiment hatte an diesem Tag drei Tote und vierzig Verwundete zu beklagen, unter den Toten befand sich der Rittmeister Wiegk.

Am 30. September waren die Zieten-Husaren zusammen mit der preußischen Vorhut vor Budweis. Einen ersten Angriff unternahm die Infanterie. Befehlshaber der Preußen waren der Generalmajor von Schmettau und Erbprinz von Hessen-Darmstadt. Gegen die Truppen des Erbprinzen unternahmen die Österreicher einen Ausfall und setzten sich am Ufer der Malsch, einem Nebenfluß der Moldau fest. Hier standen nun vor allem Warasdiner und Husaren den Preußen gegenüber. Zur Stadt führte durch Sumpfland nur ein schmaler Damm, der vom feindlichen Feuer so bestrichen wurde, daß ein Übergang unmöglich schien. An dieser Stelle hat nun wahrscheinlich das Ereignis stattgefunden, das Zieten dann den ehrenden Beinamen *„vom Zieten aus dem Busch“* brachte. Die flußaufwärts durchgeführte Aufklärung durch die Zieten-Husaren war durch dichtes Buschwerk am Uferrand gut gedeckt. Einige Husaren fanden dann eine Furt, die einen Übergang von Truppen gestattete. Aus dem dichten Buschwerk plötzlich hervorbrechend setzte Zieten mit einigen seiner Schwadronen über den Fluß und fiel den feindlichen Husaren in die Flanke. Diese wurden fast völlig aufgerieben, dreißig gefangengenommen, der Rest floh in die Stadt. Der Angriff Zietens verschaffte der eigenen Infanterie die Luft, die für den Übergang über den Damm notwendig war. Kurz darauf übergab der österreichische Kommandant die Stadt. Zietens kühner Angriff hatte ihr Schicksal schon entschieden.

Auch der weitere Kriegsverlauf schien sich für Preußen günstig zu gestalten. Die Vorhut unter Nassau brach schon am nächsten Tag nach Frauenberg auf, das überraschend schnell eingenommen werden konnte. Nun aber erhielt Friedrich II. die Nachricht, daß Sachsen seine Neutralität aufgegeben hatte und ein sächsisches Hilfskorps in Stärke von 20.000 Mann auf dem Wege zur österreichischen Hauptarmee sei. Dadurch war das preußische Heer nun von seiner Operationsbasis abgeschnitten, ein Rückzug auf die Magazine im nördlichen Böhmen wurde unausweichlich. Noch aber zögerte der König, weil er auf das rasche Heranrücken der verbündeten Armee unter dem Prinzen Carl von Lothringen hoffte, mit dem zusammen dann eine Entscheidungsschlacht geschlagen werden sollte. Er ließ seine Truppen sogar noch weiter vorrücken. Dies führte aber zur Isolierung der preußischen Besatzungen in Tabor, Budweis und Frauenberg, so daß ausgesandte Ordonnanzen den Befehl zur Vereinigung mit dem Hauptheer nicht mehr überbringen konnten.

Am 4. Oktober 1744 hatte sich das Korps unter Nassau wieder mit dem königlichen Hauptheer vereinigt. Hier wurde Zieten für seine Tapferkeit in den letzten Kämpfen zum Generalmajor ernannt, das dazugehörige Patent sogar auf den 1. Februar zurückdatiert. Friedrich II. hob hervor, die Ernennung erfolge *„in Consideration der treuen und distinguirten Dienste“*.

Nach einem Vorstoß der preußischen Truppen über die Moldau erfolgte aber dann der Rückzug in Richtung auf die eigenen Magazine. Zusammen mit den Grenadierbataillonen Saint-Surin und Geist bildeten die Husarenregimenter Rüsch und Zieten diesmal die Nachhut, deren erste Aufgabe in der Deckung der Feldbäckerei in Moldauthein bestand. Aber schon zogen feindliche Husaren, Panduren und Kroaten heran, die der eigenen Nachhut bald dreifach überlegen waren. Die preußische Infanterie stand in der Stadt, die Husaren auf freiem Feld. Ein verfrühter Angriff von drei Eskadronen hätte fast zu einem Debakel geführt, Zieten mußte sein ganzes Regiment folgen lassen, damit diese nicht vernichtet wurden. Nach dem Flußübergang durch die feindlichen Husaren und Kroaten kam es zum Kampf mit den beiden preußischen Husarenregimentern, die sich tapfer behaupten konnten. Infolge der Härte des Kampfes aufgereizt, machten die Husaren an diesem Tage fast keine Gefangenen. Der Gegner verlor rund 600 Mann, der

Eigenverlust betrug 200 Mann. Erst nach Beendigung des Gefechtes traf eine vom König zur Unterstützung geschickte Entsatztruppe auf dem Kampffeld ein.

Zietens Leitung dieses Gefechtes erregte in der gesamten preußischen Armee Bewunderung. Vor allem seine Umsicht und Besonnenheit wurden hervorgehoben. Der König ritt aus dem Lager bei Bechin den heranrückenden Truppen der Nachhut extra entgegen und bedankte sich persönlich bei seinem Husarenführer. Danach setzte sich der König an die Spitze der Nachhut und ritt gemeinsam mit Zieten die ganze Front des Lagers ab, überall von den Hochrufen durch die Truppen begrüßt.
Nach einem vergeblichen Versuch Friedrichs II. die Österreicher zu einer Entscheidungsschlacht zu stellen, mußte sich die preußische Armee auf das rechte Elbufer zurückziehen. Ende November 1744 erfolgte dann der Rückzug aus Böhmen nach Schlesien. Die ursprünglichen Feldzugspläne waren somit gescheitert.

Zieten erhielt zum Jahresende noch einen besonderen Gnadenbeweis des Königs. Friedrich II. schenkte ihm eine jährliche Pension von 1200 Talern, die seine finanziellen Verhältnisse deutlich verbesserten. Im Begleitschreiben hieß es, daß er dies als eine *„Marke seines besonderen Wohlwollens“* betrachte für Zietens Fleiß, Treue und Eifer.

Nach der Übergabe des Oberbefehls an den Fürsten von Anhalt-Dessau begab sich der König nach Berlin. Währenddessen drangen nun aber immer mehr österreichische Truppen in Oberschlesien und der Grafschaft Glatz ein, denn Maria Theresia wollte den kommenden Frühjahrsfeldzug unbedingt vom Territorium des Gegners aus beginnen. Dadurch geriet die Besatzung von Glatz in Bedrängnis. Der dortige Befehlshaber La Motte Fouquet wandte sich um Verstärkung an den König und bat u.a. um die Zieten-Husaren, dann wolle er die gleiche Anzahl von Österreichern *„im Schnee vergraben“*. Ein deutliches Zeichen dafür, welches Ansehen Zietens Husaren inzwischen im Heer besaßen.

Gefecht von Moldauthein am 9. Oktober 1744.

Zieten wurde aber vom König in der Nähe der Festung Neisse belassen, wo sich die preußischen Hauptkräfte versammelt hatten, die statt in den Winterquartieren zu liegen, nunmehr gezwungen waren, einen anstrengenden Winterfeldzug zu führen. Am 9. Januar 1745 überschritt das Heer unter dem Fürsten Leopold die Neisse. Neben den Regimentern von Bronikowski und Malachowski gehörte auch das von Zieten wieder zur Vorhut (*„Der Zieten immer erster, wenn Preußen avancirt, hingegen immer letzter, wenn Preußen retirirt“* – war bald schon ein geflügelter Spruch im preußischen Heer). Am 12. Januar kam es bei Neustadt zu einem Gefecht, in dem nur drei Husarenregimenter unter Zieten zum Einsatz kamen, weil die übrigen österreichischen Kräfte sich zurückzogen. Die feindliche Kavallerie wurde geworfen und bis Jägerndorf und

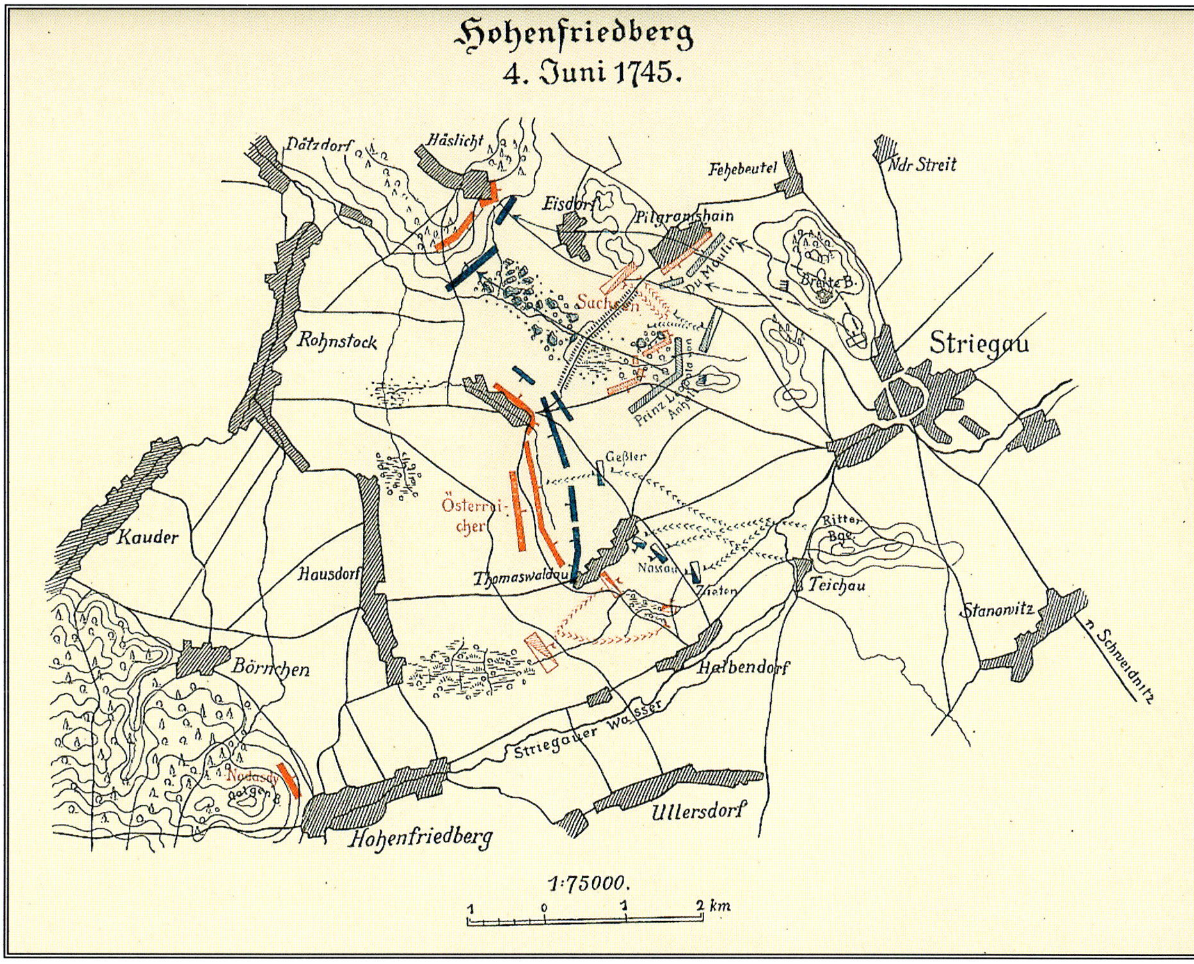

Kunzendorf von den Husaren verfolgt und eine erhebliche Anzahl Gefangene gemacht. Noch am Abend des Tages räumten die Österreicher Neustadt.

Nach einer Zwangspause, in der man das Nachrücken der Munitions- und Proviantwagen abwartete, stieß man am 16. Januar nach Jägerndorf vor, das man vom Feind geräumt erwartete. Zur Erkundung wurden die Husarenregimenter Malachowski und Zieten vorausgesandt, denen zwei weitere folgten. Schon kurz vor Jägerndorf stieß man aber auf feindliche Husaren. Ohne langes Überlegen aber ließ Zieten sofort angreifen und überrannte die gegnerische Abteilung, deren Reiter man bis in die Vorstädte von Jägerndorf verfolgte und dabei 40 Gefangene machte. Der Ort aber befand sich noch in österreichischer Hand. Die Armee mußte bei starkem Frost auf freiem Feld kampieren. Es kam dabei zu zahlreichen Erfrierungen insbesondere der Füße. Am 17. erfuhr man, daß der Gegner die Stadt geräumt hatte und konnte nun Quartiere in Jägerndorf bzw. in Dörfern der Umgebung beziehen. In kaum acht Tagen hatte man ganz Oberschlesien vom Feind gesäubert. Der Hauptverdienst kam hierbei den Husaren zu, die aufgrund ihrer hohen Beweglichkeit und ihres tapferen Einsatzes den Gegner nicht zur Ruhe hatten kommen lassen.

__Seite 51:__
Skizze zum Zietenritt vom 19. bis 21. Mai 1745 nach Jägerndorf.

Zietens Regiment ging nun in die Winterquartiere in Dörfer um Neisse. Ende Januar 1745 mußte aber nochmals ein Munitionstransport nach Jägerndorf eskortiert werden. Am 4. Februar war man von diesem Auftrag zurück und Zieten konnte nun endlich die dringend notwendige Komplettierung seines Regiments mit Mannschaft und Pferden in Angriff nehmen. Zu diesem Zeitpunkt verfügte das Regiment nur noch über 300 kampffähige Reiter. Auch Pferde waren Mangelware. Hier fügte es sich günstig, daß die Kaiserin von Rußland soeben 300 Pferde aus der Ukraine Friedrich II. zum Geschenk gemacht hatte. Der König ließ die brauchbarsten aussuchen und zum Zietenschen Regiment schicken, wiederum eine deutliche Geste der Wertschätzung dieser Truppe. Die Komplettierung der Mannschaft gelang weniger rasch.

Ab Ende März begann für die Husaren erneut die Kundschaftertätigkeit. Friedrich II. war wieder bei der Armee eingetroffen und befand sich noch Mitte Mai im Lager von Kamenz. Meldungen vom Befehlshaber seines detachierten Korps unter dem Markgrafen Carl über Truppenkonzentrierungen in Oberschlesien nahm er nicht allzu ernst. Vielmehr sollte dieser weiterhin Jägerndorf halten. Bei Notwendigkeit würde er ihn und seine Truppen durch Zietens Regiment abholen lassen. Aber rascher als gedacht hatte der Gegner alle Verbindungen zum Markgrafen abgeschnitten. Außerdem wurde nun deutlich, daß die Österreicher mit einer großen Offensive ernst zu machen beabsichtigten. Friedrich II. benötigte nun auch die 11 Bataillone und 30 Schwadronen des Markgrafen Carl. Ein erster Versuch zur Benachrichtigung durch ein Kommando von 120 Zieten-Husaren unter dem Rittmeister v. Probst scheiterte, da schon zu zahlreiche stärkere feindliche Trupps ein Durchkommen verhinderten.

In dieser schwierigen Situation kam es nun zu dem mit Legenden umwucherten berühmten „Zietenritt" nach Jägerndorf. Der König hatte den Befehl zur Vereinigung der Truppen des Markgrafen mit seiner Armee in mehreren Exemplaren anfertigen lassen, damit, sollte Zieten unterwegs gehindert sein, wenigstens ein Exemplar seinen Empfänger erreichte. Zusätzlich war angeordnet, daß Zieten jedem seiner Reiter die Schwerpunkte dieses Befehls mündlich mitteilte, damit im Notfall auch ein einzelner Husar die Nachricht überbringen konnte. Hauptinhalt des Befehls war: Aufbruch am 22. Mai und Eintreffen im Lager bei Frankenstein am 24. Mai.

Am 19. Mai, einem Mittwoch, brach Zieten gegen 18.00 Uhr mit 550 Husaren auf. Bereits gegen Mitternacht erreichte man den Ort Polnisch-Wette, wo man kurz rastete und die Pferde fütterte. 7.00 Uhr morgens erreichte der Trupp Neustadt. Hier erfuhr er von dem die Stadt verteidigenden Capitain v. Oesterreich, daß man von nun an mit feindlichen Kräften rechnen müsse, die bereits am Vortag versucht hatten, die Stadt zu stürmen. Zieten ließ rasten und orientierte sich inzwischen vom Kirchturm aus, so gut es ging. Danach trabten die Husaren mit-

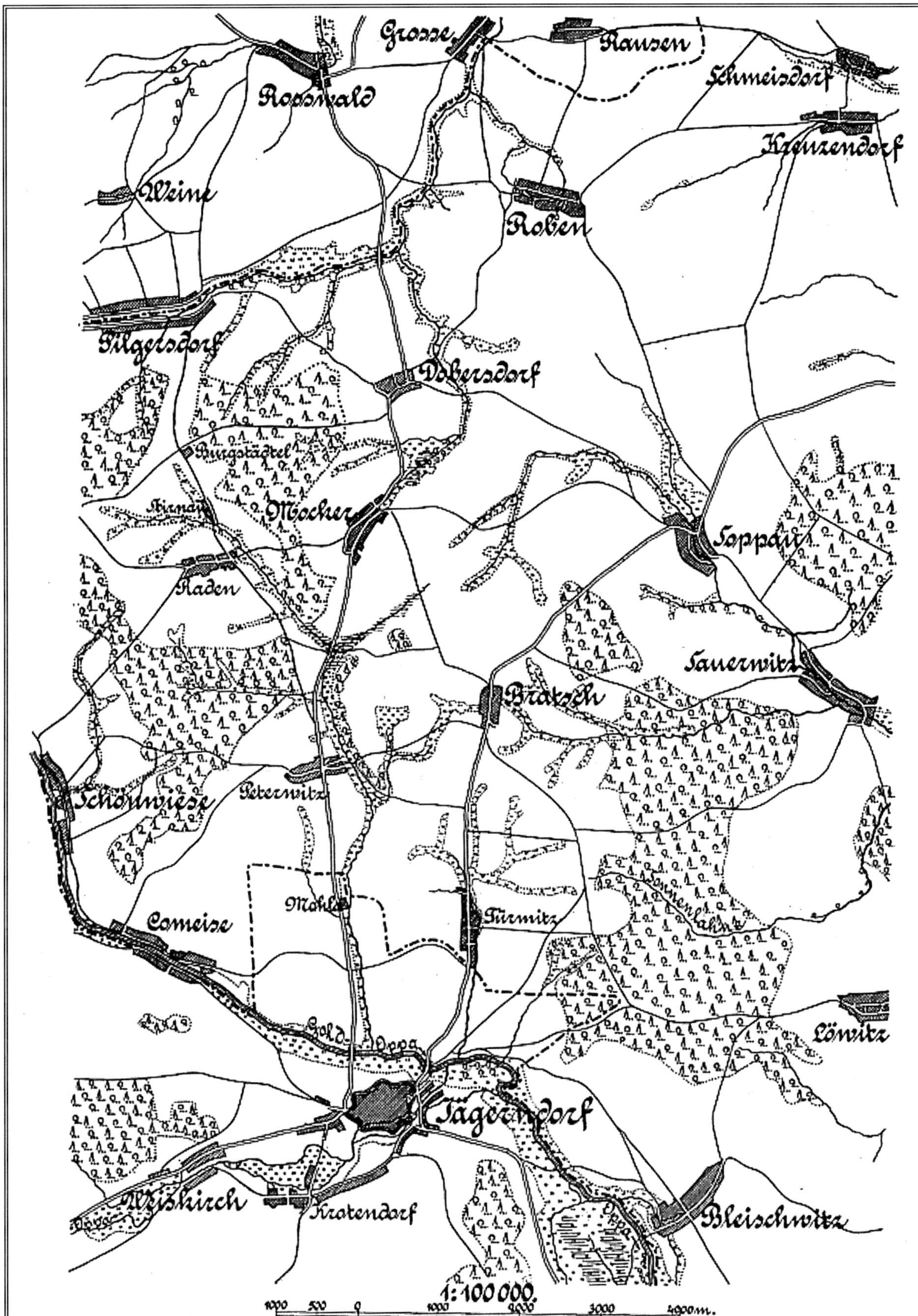
Grosse
Rausen
Rosswald
Schmeisdorf
Kreuzendorf
Weine
Roben
Pilgersdorf
Dobersdorf
Burgstädtel
Mocker
Raden
Soppau
Sauerwitz
Bratsch
Schönwiese
Peterwitz
Comeise
Mohla
Türmitz
Löwitz
Gold
Oppa
Jägerndorf
Weißkirch
Krotendorf
Bleischwitz
1:100000.
1000 500 0 1000 2000 3000 4000m.

Zieten-Husar aus der Zeit Friedrich des Großen auf Erkundungsritt.

ten in das von leichten Truppen des Feindes regelrecht überschwemmte Gebiet hinein. Dabei näherten sich Zietens Husaren dem österreichischen Lager so sehr, daß man dort einfach glaubte, eigene Truppen vor sich zu haben, zumal die Uniform eigenen Verbänden ziemlich glich. Eine derartige kühne und dreiste Aktion war eigentlich nicht vorstellbar. Bei Diedersdorf erreichte man in ziemlich gerader Linie einen kleinen Bach, danach ging es nur noch im Zick-Zack weiter, ständig feindlichen Trupps ausweichend. Die Pässe bei Meidelberg und Filstein waren so stark besetzt, daß dort an ein Durchkommen nicht zu denken war. Bei Hotzenplotz kam das Regiment glücklich an einem starken Kontingent der Österreicher vorbei. Doch ein nachfolgendes Dragonerregiment erkannte die Preußen und griff an. Doch den Zieten-Husaren gelang es, sich durchzuschlagen. Begünstigt durch starke Waldungen bewegte man sich weiter. Bei Dobersdorf stieß man auf einen vorgeschobenen österreichischen Husarenposten, den man erst vertreiben mußte, um die von ihm gesicherte Brücke passieren zu können. Diese Husaren benachrichtigten jedoch ihre in den Lagern in Soppan und Sauerwitz stehenden Verbände unter Ghylani und Esterhazy, die sofort starke Abteilungen zur Verfolgung der Zieten-Husaren aussendeten. Unterwegs erfolgte nun öfter ein Beschuß, teilweise sogar mit Kanonen. Bei Peterwitz und Türmitz mußte man sich noch einmal durch eine feindliche Husarenabteilung durchschlagen. Da man nun ein ziemlich weiträumiges Sumpfgelände passieren mußte, ließ Zieten immer wieder einzelne Züge oder Eskadrons gegen den nachdrängenden Feind mit dem Säbel vorgehen und ihn zurückwerfen. Als man das schwierige Gelände passiert hatte, stand man kurz vor Jägerndorf. Aber auch der Feind war schon heran. Zieten erhoffte aber Entlastung durch Kräfte des Markgrafen, die dieser auch losschickte, als man Schüsse hörte. Die Bronikowski-Husaren, die Württemberg-Dragoner und ein Regiment Infanterie wurden losgeschickt. Beim Hernnahen der preußischen Entsatztruppen wichen die Österreicher, nur ihre Panduren und Dalmatiner kämpften noch mit den Husaren. Zieten griff aber gemeinsam mit den Bronikowski-Husaren noch einmal energisch an und machte noch etliche Gefangene, darunter einen Hauptmann. Inzwischen hatten die Truppen in Jägerndorf vom Eintreffen der Zietenschen Husaren gehört und empfingen sie und ihren Kommandeur mit lautem Jubel.

Zieten hatte mit seiner Abteilung auf dem 12 Meilen (etwa 90 km) langen Ritt nur einen Unteroffizier und zwei Mann an Toten sowie einen Offizier und 19 Mann an Verwundeten eingebüßt. Sechs Pferde waren erschossen, 30 verwundet worden. Unmittelbar nach der Ankunft in Jägerndorf verfaßte Zieten einen Bericht an den König:

„Allerdurchlauchtigster etc.
E.K.M. Berichte allerunterthänigst, daß ich den 20ten dieses auff die allergnädigste ordre mit meinem unterhabenden Regimente des mir von den Oesterreichern gemachten Anfalles ohnerachtet dennoch in Jägerndorff umb 4 Uhr angekommen

und die mir mitgegebenen Brieffe Ihro Hoheit dem Marggrafen überreichet habe.
Ueberschicke anbey die umbständliche Relation von dem gehabten Marsch und den dabey wenig erlittenen Verlust und ersterbe etc.
Jägerndorff, den 21. May 1745.“

„Auff Sr. Königl. Majestaet allergnädigsten Befehl bin ich Mittwochs den 19ten May Abends 6 Uhr mit 550 Pferden meines unterhabenen Regiments von Gesaeße auffgebrochen, habe bey Polschwette umb Mitternacht eine Stunde gefuttert und alsdann nach Neustadt marschiret, allwo umb 7 Uhr morgens angekommen, und alß daselbst ein paar Stunden gefuttert, meinen Marsch nach Jägerndorff über Diedersdorff, allwo den Fluß Schwartze passiret, angetreten, von da wendete mich nach Hotzenplotz zu, allwo noch ein starckes Corps Oesterreicher von dem Detachement, so die vorrige Nacht Neustadt bestürmet hat, sich befand, selbige zogen sich aber Eine halbe Stunde vor meiner Ankunfft herauß, und marschirten die Husaren nach ihrem Lager bey Suppo, die Croaten aber nach Meidelberg dem gebürge zu, ich wendete mich also auch kurtz vor Hotzeplotz rechter hand nach der Waldung und marschirte über Pilgersdorff und Nieder-Paulwitz immer die thäler und Waldung lang bis Roswalde, von da auff Dobbersdorff, allwo eine Postirung von etwas Husaren sich befand; so bald die dasige Brücke passiret wahr, wendete mich wieder lincker hand, weiln Mokern und der dorthige Wald mit 400 Dallmatinern zu Fuß und 200 zu Pferd besetzt war, auch 2 Canonen bey sich hatten, nahm also meinen Marsch zwischen Mokern und Bratsch, allwo die dorthigen Höhen nebst dem Dorff gleichfalß von Croaten und Husaren besetzet waren, gerade durch auf Jägerndorff zu, da dann die Croaten und Dallmatiner nicht allein mit Ihrem kleinen Gewehr, sondern auch mit die canonen mich ziemlich beschossen, überdem auch die bey sich habende Husaren nebst denen, so in Petrowitz und Termitz postiret stunden, sich alle Mühe gaben mir vorzukommen und im Marsche auffzuhalten, da inzwischen die Husaren, so in dem lager bey Soppo, allwo der Feld Marschall Lieutenant Gilani commandirt, als auch diejenigen, so bey dem Feld Marschall Esterhasi in Sauerwitz standen, sich alle Mühe gaben mir einzuhohlen, wie denn dieselben durch zwey Husaren von dem Commando, so bey der Bobersdorffer Brücke war, so bald sie mir wahrgenommen, auff das Schleunigste avertiret wurden, welches Ihnen auch so viel eher gelung, weiln ich zwischen Petrowitz und Bratsch einen üblen Morast zu passiren hatte, dem ohngeachtet aber, weil die letztere meistens alle auch diesen Morast nach mir passiren musten, und ich diejenigen, so mir im Marsch auffhalten wolten, braff durch außfallung der Züge oder gantze Esquadrons mit dem Säbel in der faust zürücktreiben ließe, so erreichte doch die Höhe nahe vor Jägerndorff, allwo dann der General Bronikowski mit seinem Regiment zu mir stieß. Die Dallmatiner, so in dem Walde stunden, verfolgeten Uns zu Fuße auß dem Walde in die Kleinen Sträucher und Berge, weil aber dieselben durch zu reuthen

ware, so schickte eine Partie Husaren hinein, welche etliche 30 niedergehauen und einige gefangen gemacht, wie denn auch der hauptmann Feiler, so die Dallmatiner commandiret, und eben auß dem Haupt Quartier nebst dem Adjutanten und 3 Husaren Kahmen, zu selbiger Zeit gefangen wurden.

Von meinem Regiment ist bey dieser Aktion nur 1 Unterofficier und 2 Husaren Todtgeschossen und 1 Officier, 1 Unterofficier und 19 Husaren blessiret, auch 2 Husaren vermisset werden, an Pferden 6 Todt, 30 blessirt und 6 vermißt.
Der blessirte Officier ist der Obrist Lieutenant Billerbeck, so zwey starcke Hiebe im Kopff und einen im Arm, jedennoch befindet Er sich noch so ziemlich dabey.

H.J. v. Zieten"

Auf der Rückseite dieses Schreibens vermerkte der König eigenhändig: *„Ich währe Sehr Mit Seiner Klugen conduite So wohl als so viel ertzeigter Bravour zufriden."*

Auf der Grundlage dieser Bemerkung wurde dann folgendes Schreiben an Zieten verfaßt und abgeschickt.

„Mein lieber General-Major von Zieten. Nachdem Ich den Einhalt Eures Rapports vom 21ten dieses mit mehreren erfahren, So habe Euch darauf in antwort zu ertheilen nicht mangeln wollen, wie ich so wie überall, also auch in sonderheit von Eurer klugen Conduite sowohl als von der bravour, so Ihr auf dem Marsch nach Jägerndorf bezeiget habet, sehr zufrieden bin, auch nicht unterlassen werde gegen Euch zu erweysen, wie ich bin

Camentz, 25. May 1745.
Euer wohlaffectionirter König
Friedrich."

Zieten hatte seine Aufgabe glänzend gelöst, nun aber mußte ein ziemlich großes Kontingent preußischer Truppen mitten durch von überlegenen feindlichen Kräften besetztes Gebiet gebracht werden. Das konnte nur durch Kampf geschehen. Etwa 9000 Preußen hatten es mit über 14.000 Österreichern zu tun. Am 21. Mai verkündete der Markgraf seine Marschdisposition. Am schwierigsten war der ausreichende Schutz für eine aus über 600 Wagen bestehende Wagenkolonne mit Munition und Proviant. Zieten befand sich mit seinem Regiment wieder einmal bei der Nachhut, der natürlich die komplizierteste Aufgabe zufiel. Am 22. Mai brach man um 3.00 Uhr morgens auf und nahm dabei den Weg, den Zieten zwei Tage vorher gekommen war. Auf den Hügeln vor der Stadt angekommen, mußte man feststellen, daß alle Höhen ringsherum von starken feindlichen Kräften besetzt waren und zu beiden Seiten des Weges außerdem Batterien aufgefahren waren, die bei der Annäherung der Preußen sofort das Feuer eröffneten. Die Geschütze waren aber zu hoch ausgerichtet, so daß es kaum zu Treffern kam. Ein

Angriff auf den Gegner durch Infanterie war wegen der steilen Berghänge nicht möglich. So mußte man sich regelrecht Schritt für Schritt vorwärtskämpfen, meist mit dem Bajonett. Die Hauptanstrengungen der Österreicher richteten sich aber bald auf die Nachhut. Zieten bemerkte, daß stärkere feindliche Kräfte aus den Bergen herabstiegen, um ihnen in die Flanke zu fallen. Aber den zur Unterstützung herbeigeschickten Dragonern unter Schwerin gelang es, den Gegner zurückzuwerfen, zumal sie im entscheidenden Augenblick von Zietens Husaren unterstützt wurden. Unter dem Verlust von etwa 700 Toten und Verwundeten mußten sich die Österreicher in die Berge zurückziehen. Der Rest des Marsches war zwar auch noch von ständig die Marschkolonne umschwärmenden leichten Truppen behindert, aber es kam nicht mehr zu einem größeren Gefecht. Um 3 Uhr morgens erreichte man am 23. Mai nach einem 24stündigen anstrengenden Marsch unter ständigen Kämpfen mit dem Gegner das eigene Lager bei Frankenberg. Die Verluste hielten sich mit knapp 300 Mann in Grenzen, wobei die Zieten-Husaren und die Schwerin-Dragoner am stärksten betroffen waren. Von der Wagenkolonne war fast alles eingetroffen.

Die beiden Heeresabteilungen der Preußen waren gerade noch rechtzeitig vereinigt worden, denn es trafen Nachrichten im Lager ein, das die österreichische Hauptarmee sich von Friedland aus nähere. Der König, der endlich eine Entscheidungsschlacht herbeiführen wollte, ließ am 30. Mai seine Armee aufbrechen. Zieten war mit seinem Regiment zur Deckung der Bagage eingeteilt. Am nächsten Tag war er dann schon wieder im Rahmen der Truppen unter Generalleutnant v. Nassau auf Erkundung.

Am Abend des 3. Juni rückte Zietens Regiment in die vom König vorbereitete Schlachtordnung ein, wo das Regiment zusammen mit denen von Rochow und Kyau zum ersten Treffen des linken Flügels gehörte. In der Nacht zum 4. Juni wurde das sogenannte Striegauer Wasser von der preußischen Armee überquert und am zeitigen Morge begann die Schlacht von Hohenfriedeberg, die einen glänzenden Sieg für die preußische Armee brachte und in der sich besonders die Kavallerie hervortat, in erster Linie das Bayreuther Dragonerregiment.

Im Verlaufe der Schlacht kam es auf dem linken preußischen Flügel zu einer kritischen Situation, als dort eine zu schwache Gruppierung preußischer Reiterei unter General Kyau von österreichischer Kavallerie zurückgeworfen wurde. In dieser gefährlichen Phase gelang es Zieten mit seinem Regiment und einem Teil der Reserven durch eine von ihm entdeckte Furt das Striegauer Wasser zu durchqueren und die zurückflutenden Preußen unter Kyau aufzunehmen. Er ging sogar sofort zum Gegenangriff über und warf die Österreicher so weit zurück, daß General v. Nassau genügend Zeit fand, die übrige preußische Reiterei des linken Flügels heranzuführen und den Angriff der Österreicher endgültig zum Scheitern zu bringen. Der hier kommandierende österreichische General Berlichingen wurde sogar von Zieten-Husaren gefangengenommen. Zieten gehörte wieder zu den vom König besonders gelobten Generalen, weil er durch sein energisches und rechtzeitiges Eingreifen eine Niederlage der Kavallerie auf dem linken Flügel der Armee verhindert hatte.

Als am nächsten Tag preußische Truppen die Verfolgung der geschlagenen Österreicher und Sachsen aufnahmen, waren Zietens Husaren die ersten, die wieder Feindkontakt hatten und die Nachhut ständig beunruhigten. Da die preußische Armee aber schon bald unter Lebensmittelmangel litt, bestand eine der Hauptaufgaben der Husaren bald darin, Streifzüge zur Einbringung feindlicher Provianttransporte zu unternehmen. Neben anderen Husareneinheiten war auch Zietens Regiment an den vielen kleinen Scharmützeln der nachfolgenden Wochen erfolgreich beteiligt. Zietens Ansehen im Heer wuchs weiter. Der König erkannte sehr wohl, welche Bedeutung die Husaren vor allem unter Bronikowski und Zieten für ihn hatten. Zietens Regiment betrachtete er als eine Schule, in der neuangeworbene Truppen für den Dienst bei der leichten Reiterei ausgebildet wurden.

Als der König beschloß, sich aus Böhmen zurückzuziehen, kam es am 30. September 1745 bei Soor noch zu einer blutigen Schlacht, die für die Preußen wieder einen Sieg brachte. Zietens Truppe war diesmal nicht dabei, da sie sich bei dem Seitenkorps unter dem General du Moulins in der Nähe von Trautenau befand. Das preußische Heer zog sich weiter nach Schlesien zurück, da in Böhmen einfach nicht mehr genug Lebensmittel und Futter für die Pferde vorhanden waren. Friedrich II. hoffte auf einen baldigen Friedensschluß. Doch da täuschte er sich. Österreich und Sachsen waren weiterhin bemüht, Preußen niederzuringen.

Der Winterfeldzug sollte diesmal in Sachsen und der Lausitz stattfinden. Zietens Regiment hatte im bisherigen Feldzug von 1745 durch den ständigen Einsatz erheblich Verluste unter den Mannschaften, noch ärger war der Mangel an brauchbaren Pferden. Aber der König war aufgrund der angespannten finanziellen Situation des Staates nicht in der Lage, rasch Ersatz zu schaffen. Anfang November verdichteten sich die Nachrichten vom Vorstoß österreichischer Truppen in die Lausitz. Zietens Regiment wurde nun an die königliche Hauptarmee herangezogen, bei der der König am 18. November eintraf. Am 23. überschritt die preußische Armee bei Naumburg am Queis den gleichnamigen Fluß. Zieten und Winterfeldt bildeten mit ihren Truppen die Vorhut. Dabei eilten die Zieten-Husaren den eigenen Truppen weit voraus und trafen bei Katholisch-Hennersdorf auf zwei Bataillone und sechs Schwadronen Sachsen, die den Ort besetzt hatten. Drei weitere Kavallerie- sowie ein Infanterieregiment standen unmittelbar beim Dorf. Zieten schickte einen seiner Adjutanten mit einer Meldung an den König, um ihn rasch herbeizuholen. Er selbst beschloß anzu-

Seite 57:
Offizier vom Husaren-Regiment v. Zieten (Nr. 2) um 1750 – wahrscheinlich der Rittmeister v. Seel(en), der 1758 bei Hochkirch fiel.

greifen, um den Gegner am Rückzg zu hindern. Er verfügte außer über seine eigenen Husaren nur noch über das Husarenregiment v. Rüsch. Etwa gegen 16.00 Uhr griffen die preußischen Husaren an, warfen die vor dem Dorf stehenden sächsisch-österreichischen Truppen rasch und drangen bis zur Ortsmitte vor, ehe heranströmende gegnerische Truppen sie zum Rückzug zwangen. Am Ortsrand blieben die Sachsen aber stehen und eröffneten lediglich ein Schützenfeuer auf die Husaren. Nun aber erschien die vom König zur Unterstützung gesandte preußische Kavallerie – Kürassierregimenter – und vereinigte sich mit den von Zieten wieder gesammelten Husarenverbänden. Nach hartem Kampf konnte zuerst die Kavallerie des Gegners geworfen werden, danach mit Unterstützung eigener Infanterie die sächsischen Fußtruppen. Das gesamte sächsische Korps wurde nun fast vollständig aufgerieben: Mehrere hundert Tote lagen auf dem Schlachtfeld, 1050 Mann und 37 Offiziere wurden gefangen. Die Husaren erbeuteten vier Kanonen, drei Fahnen, zwei Standarten, zwei Paar Pauken und fast die gesamte Bagage. Ein Paar der österreichischen Pauken erhielt das Zietensche Regiment auf Bitte vom König zum Geschenk und durfte sie dann bei feierlichen Anlässen mitführen, ein Privileg, das eigentlich nur der schweren Kavallerie vorbehalten war.

Zieten trug im Gefecht eine leichte Verwundung an der Wade davon, die er in Görlitz auskurierte. Die restlichen Gefechte und die Schlacht bei Kesselsdorf fanden ohne seine Beteiligung statt. Schon längere Zeit entwickelte er so etwas wie Eifersucht, weil der König ihn öfter unter dem Kommando von General v. Winterfeldt kämpfen ließ. In Schreiben an den König beklagte er sich über diese angebliche Zurücksetzung. Der König beruhigte den gereizten Zieten durch ein Schreiben, in dem er ihm seine Anerkennung aussprach, es sich aber verbat, daß Zieten versuche Einfluß auf seine Anordnungen zu treffen, wie etwa Winterfeldt mit besonderen Aufträgen zu betrauen, weil er ihn dafür für besonders geeignet halte. Zieten verliere dadurch nichts in seinem Rang und seinen Beförderungsmöglichkeiten.

Der zweite Schlesische Krieg endete nach der vom Fürsten von Anhalt über die sächsisch-österreichischen Truppen am 15.12.1745 gewonnenen Schlacht bei Kesselsdorf mit dem Frieden von Dresden vom 25. Dezember. Preußen erhielt von Österreich den Besitz Schlesiens bestätigt. Friedrich II. erkannte die am 13. September 1745 vollzogene Wahl Franz Stephans zum deutschen Kaiser an. Sachsen mußte eine Kriegsentschädigung von einer Million Talern an Preußen zahlen, seine Zollstreitigkeiten mit Preußen beenden und gestatten, daß die in Sachsen ausgehobenen Soldaten in der preußischen Armee verblieben. Zusätzlich sprach es den Verzicht auf Schlesien und Glatz aus.

Die Friedensjahre 1746-1756

1746 kehrte Zieten wieder in seine Garnison Berlin zurück. Hier wurde er von der Bevölkerung mit Jubel empfangen, denn seine Taten im letzten Feldzug, vor allem der legendäre „Zietenritt nach Jägerndorf", hatten ihn zu einer volkstümlichen Gestalt werden lassen. Nunmehr aber kehrte der Alltag des Soldatenlebens zurück. Vordringlichste Aufgabe war jetzt, die durch den Krieg gerissenen Lücken im Mannschaftsbestand wieder zu schließen und die Ausbildung und Übung kontinuierlich fortzusetzen. Bis 1748 schreibt König Friedrich II. seine berühmten *„Generalprinzipien des Krieges"*, die noch durch die *„Gedanken und allgemeinen Regeln über den Krieg"* ergänzt wurden. Den Husaren widmet der König darin volle Aufmerksamkeit. Er hält es sogar für notwendig, diese Tuppe durch weitere Eskadrons und Regimenter zu erweitern, sobald die Finanzen des Staates es wieder zuließen.

Auch in den neuen Vorschriften traten die Forderungen nach strenger Disziplin und Ordnung in den Vordergrund. Eine der Hauptaufgaben der Husaren bestand im Frieden darin, die nach wie vor hohe Desertion von Soldaten zu verhindern. Hier lag die Hauptursache für ein vorübergehendes Zerwürfnis zwischen dem König und Zieten, da dieser nach Friedrichs Meinung hier seine Husaren zu wenig einsetzte.

Weiterhin verfügte der König, daß auf der Grundlage der Kriegserfahrungen die Regeln des „Kleinen Krieges" Allgemeingut aller Offiziere zu werden hatte. Deshalb sollten die *„muntersten und verständigsten"* Offiziere, *„so die meiste Ambition haben noch etwas zu lernen und Generale zu werden"*, in der Zeit, wo die Husarenregimenter zusammengezogen wurden, zu diesen geschickt werden, um deren Manöver zu erlernen. Die Offiziere von den schlesischen Regimentern sollten zum Generalleutnant v. Werner, die magdeburgischen, märkischen und pommerschen zum Regiment v. Zieten, die (ost)preußischen zum Regiment v. Lossow geschickt werden.

Die Husaren sollten mit ihrem Gewehr gut und schnell umgehen können, hatten im Trab und im Galopp mit den Karabinern und Pistolen *„accurat und nach dem Ziel"* zu schießen. Jeder sollte Meister seines Pferdes sein. Aber auch Übungen zu Fuß verlangte der König von seinen Husaren, die im Winter durchzuführen waren. Dabei sollte das Verstecken hinter Gebüschen und Mauern geübt werden, denn im Kriege käme es häufig zum Feuergefecht im abgesessenen Zustand.

Zieten hatte bei der Realisierung dieser Aufgabenstellung eine bedeutende Rolle, die er auch ziemlich gut realisierte. Schon Ende 1746 erhielt er für seine Erfolge in der Ausbildung vom König ein Anerkennungsschreiben sowie einen prächtigen türkischen Säbel zum Geschenk. Lob gab es auch bei den regelmäßig stattfindenden Revuen. Aber nicht alles war eitel Son-

Regimentsstandarte der Zieten-Husaren von 1741.

nenschein. Im täglichen Dienst gelang ihm die Aufrechterhaltung der vom König gewünschten Disziplin und Ordnung in seinem Regiment nur sehr unvollkommen. Aber besonders die Verhinderung von Desertionen erschien dem König als völlig ungenügend.

Zieten im Frieden und Zieten im Felde, das waren zwei völlig verschiedene Personen. Im Krieg hielten seine Husaren Manneszucht und Ordnung, im Frieden dagegen schlugen sie öfters über die Stränge und fanden in ihrem Kommandeur einen Milde und Nachsicht zeigenden Offizier. Das lag offensichtlich so tief im Charakter Zietens, daß er hier sogar königliche Befehle ignorierte. So kam es dazu, daß Friedrich II. Zieten öfters zum Teil mit harten Worten ermahnte. Im Dezember 1747 hieß es in einer Kabinettsordre, daß er sich zu wenig um das Betragen seiner Offiziere außerhalb des Dienstes kümmere, auch die Unteroffiziere und Gemeinen zeigten Verwahrlosungserscheinungen, wenn sie z.B. nach dem Zapfenstreich wieder ihre Quartiere verließen.

Noch größeren Ärger bekam Zieten hinsichtlich des Einsatzes seiner Husaren beim Einfangen von Deserteuren. Sowohl an der mecklenburgischen als auch an der sächsischen Grenze standen Postierungen mit Zietenschen Husaren. Eines dieser Kommandos befand sich bei Beelitz unweit von Potsdam und konnte so leicht vom König kontrolliert werden. Entwich ein Deserteur aus Potsdam, so alarmierte ein Kanonenschuß den Husarenposten, der dann unverzüglich die Verfolgung aufzunehmen hatte. Aber hier agierten die Husaren derart lässig, daß dem König sozusagen der Kragen platzte. In einem Schreiben an Zieten hieß es, das Kommando seines Regiments sei zu nicht zu brauchen; wohin man die Husaren auch schicke, niemals gelinge es ihnen einen Deserteur wieder einzufangen; sie seien von eben so viel Nutzen wie das fünfte Rad am Wagen. In einem weiteren Schreiben wird Zieten dann direkt verantwortlich gemacht. Diese Zustände führten dann auch dazu, daß der König im vertrauten Kreis sinngemäß äußerte, daß Zieten im Krieg wohl ein braver Offizier sei, aber im Frieden tauge er den Teufel nichts, und seinetwegen könne er keinen Krieg anfangen.

In den ersten Friedensjahren hatte Zieten sehr stark mit der Stabilisierung seiner Gesundheit zu tun. Schon im Herbst 1746 erbat er vom König einen längeren Urlaub und fuhr zur Kur ins schlesische Hirschberg. Doch auch hier konnte er sich nicht völlig auskurieren, vielmehr mußte er sich weiter schonen und eine strenge Diät einhalten. Sicher lag auch hierin eine der Ursachen, daß er sich nicht genügend um seine Husaren kümmern konnte. Dazu kam, daß diese ja nicht vereinigt in einer Garnison standen, sondern fünf Schwadronen lagen allein in an Preußen verpfändeten mecklenburgischen Städten in Garnison, so daß Zieten mehrmals im Jahr auf Inspektionsritten dahin unterwegs war.

General Hans Joachim von Zieten
(Gemälde von A. v. Menzel).

Entspannung fand Zieten im Kreis seiner Familie, wo er den Soldaten sozusagen in die Ecke stellte. Mit Eifer ging er in Wustrau an die Realisierung seiner schon vor Jahren geplanten baulichen Veränderungen. Trotz aller Verstimmungen mit dem König erhielt Zieten auch weiterhin von diesem Unterstützung durch die Gewährung von kostenlosem Baumaterial. Dies hatte Zieten auch notwendig, denn nach wie vor war seine finanzielle Situation nicht sehr rosig.

Im August 1750 veranstaltete Friedrich II. zu Ehren des Markgrafen von Bayreuth und von dessen Gattin, seiner Schwester Wilhelmine, ein großes Fest. Entsprechend der damaligen Mode fand es in Form eines Ritterspiels statt, bei dem vor allem Geschicklichkeit im Reiten, Leichtigkeit und Schnelligkeit der Bewegungen gewünscht waren. Die ausgesetzten Preise sollte die Prinzessin Amalie verteilen. Die Vorbereitungen dauerten Wochen. Im Gegensatz zur sonstigen Sparsamkeit war dem König für seine Lieblingsschwester nichts zu teuer. Auch Zieten nahm an diesem Fest teil. Sein Kostüm kostete ihm die enorme Summe von 462 Talern und 7 Groschen. Immerhin errang er bei den Wettbewerben den insgesamt vierten Preis, zwei Brillanten.

Auch in den Folgejahren kriselte es weiter in den Beziehungen zwischen dem Husarengeneral und seinem König. Dies hatte aber keine persönlichen Gründe, sondern fußte auf der nach wie vor in Zietens Regiment nicht vorhandenen und von Friedrich II. verlangte Qualität der Disziplin und Dienstdurchführung. 1753 wechselte aus französischen in preußische Dienste ein gewisser Oberst v. Nagysandor, der aber nicht – wie die Legende berichtet – Zietens Regiment übernahm, sondern zum in Oberschlesien stehenden württembergischen Husarenregiment geschickt wurde. Mit der dortigen Stellung nicht zufrieden, gelang es Nagysandor, sich nach Potsdam versetzen zu lassen. Zietens Regiment kann er höchstens einmal bei einer Revue kommandiert haben, wenn dieser sich auf Inspektionsreise befand. Ein in zahlreichen späteren Geschichten daraus konstruierter Gegensatz zwischen König und Zieten, nach dem Friedrich II. den Husarengeneral durch die Anstellung Nagysandors beleidigen wollte, ist völlig haltlos. Die Unfähigkeit des Obersten erwies sich dann beim Herbstmanöver von 1753 in Potsdam, als sich seine als umwerfend angepriesenen Neuerungen in der Taktik der Husaren als Windei entpuppten. Bereits 1755 saß dieser Herr in Potsdam im Arrest, wenig später in Haft auf der Festung Spandau, seine militärische Karriere in der preußischen Armee war zu Ende.

1756 fühlte sich der Zieten wieder einmal durch die seiner Meinung nach zu Unrecht ihm in der Beförderung zum Generalleutnant vorgezogenen Generalmajore durch den König zurückgesetzt. Mehrere Eingaben an Friedrich II. beklagen diesen Zustand. Der König aber antwortet, daß Stabsoffziere der Husaren eben in anderer Reihenfolge befördert werden, daß er zu entsprechender Zeit schon zu seiner Zufriedenheit für ihn sorgen werde.

Der schwerste persönliche Schlag aber traf Zieten kurz nach der Rückkehr von einer Inspektionsreise nach Mecklenburg. Am 19. März 1756 verstarb im Alter von 53 Jahren seine geliebte Gattin an einem Fieber. Dieser Schicksalsschlag, die nach wie vor bestehende Unstimmigkeit im Verhältnis zu seinem König und die nun wieder einen Rückschlag erleidende Gesundheit lassen Zieten ein Abschiedsgesuch stellen.

Friedrich II. begab sich daraufhin – der Ausbruch des Siebenjährigen Krieges stand unmittelbar bevor – zu Zieten, um ihn zur Zurücknahme seines Gesuches zu bewegen. Nach zähem Verhandeln und nachdem der König an den Patriotismus des Generals und dessen Vaterlandsliebe appelliert hatte, gab Zieten nach und nahm sein Abschiedsgesuch zurück. Das ausführliche persönliche Gespräch räumte zudem die langjährigen Mißstimmungen zwischen beiden aus. Wenige Tage vor dem Aufbruch der preußischen Armee zu neuen Feldzügen wurde Zieten am 12. August 1756 zum Generalleutnant ernannt.

Preußische Husaren überqueren die Grenze nach Sachsen (Zeichnung von Richard Knötel).

Leopold Graf Daun, österreichischer Feldmarschall und einer der Hauptgegner Zietens (Kupferstich von Kilian).

Im Siebenjährigen Krieg

Am 20. August 1756 brach Zieten mit zwei Schwadronen seines Regiments von Berlin aus nach Halle auf. Von General v. Winterfeldt hatte er die Order erhalten; sich dort der Armeeabteilung unter dem Herzog von Braunschweig anzuschließen. Zieten sollte dort vier Bataillone und acht Schwadronen übernehmen. Der erste Auftrag lautete, die Kriegskasse für den Herzog von Berlin nach Halle zu geleiten.

Am 29. August überschritt die preußische Armee in drei Kolonnen die sächsische Grenze: der König marschierte von Potsdam aus direkt an die Elbe, der Herzog von Bevern zog durch die Lausitz nach Sachsen, die Kolonne des Herzogs von Braunschweig zog von Halle und Aschersleben aus über Leipzig, Borna, Chemnitz, Freiberg, Dippoldiswalde in das Lager von Cotta. Zietens Abteilung marschierte zuerst über Weißenfels, Zeitz und Altenburg, ehe sie in Chemnitz auf die Kolonne des Herzogs traf. Bald befand man sich mit den übrigen Heeresteilen in der Umgebung von Pirna, wo die gesamte sächsische Armee sich in ein befestigtes Lager zurückgezogen hatte, wo aber nur völlig unzureichende Mengen an Lebensmitteln und Munition vorhanden waren.

Friedrich II. hatte nicht die Absicht, das Lager angreifen zu lassen und dabei hohe Verluste zu riskieren. Eine durch Blockierung erlangte Kapitulation erschien ihm viel günstiger. Damit die Sachsen nicht noch Lebensmittel aus der Umgebung herbeischaffen konnten, wurde ein dichter Blockadering gezogen. Ständig das sächsische Lager umschwärmende leichte Truppen registrierten dort jede Bewegung. Zietens Husaren waren hier führend tätig. Am 1. Oktober kam es beim böhmischen Lowositz zur ersten Schlacht dieses Krieges, mit der Friedrich II. einen österreichischen Entsatzversuch für die Sachsen verhinderte. Zieten stand mit seinen Husaren inzwischen vor Pirna und kommandierte hier eine Heeresabteilung aus 10 Bataillonen und 40 Schwadronen, größtenteils Husaren. Am 11. September ließ er eine Postenkette von Pirna bis Langhennersdorf und von da über Hellendorf bis Peterswalde aufstellen. Dadurch gelang es, einen von den Sachsen beabsichtigten Durchbruchsversuch zu verhindern, den diese mit der Kavallerie über Reinhardtsdorf nach Maxdorf, und mit der Infanterie über Baar nach Hellendorf unternehmen wollten. Am 12./13. Oktober scheiterte auch ein Vereinigungsversuch der Sachsen mit den Truppen unter dem österreichischen Feldmarschall Browne. Vielmehr griff dabei eine preußische Abteilung unter Zieten die sächsische Nachhut sowie die Bagage an und machte zahlreiche Gefangene und Beute. Bereits am 16. Oktober abends kapitulierte die gesamte sächsische Armee. Immerhin verhinderte der sechswöchige Widerstand der Sachsen eine Realisierung von Friedrichs Plan, die Österreicher zu überraschen und noch im Herbst 1756 deren Hauptkräfte in Böhmen zu vernichten. So erhielten diese Zeit, sich während der Zeit der Winterquartiere für das nächste Frühjahr zu rüsten.

Zieten stand mit seinem Regiment in der Gegend zwischen Zwickau und Chemnitz bei der Armee unter dem Fürsten Moritz von Dessau, um hier die sächsisch-böhmische Grenze zu beobachten. In einem regen Briefwechsel mit dem König teilt er mit, daß er gezwungen sei den armen Gebirgsbewohnern, bei denen sowieso schon durch das in Böhmen erlassene Ausfuhrverbot ein großer Lebensmittelmangel herrsche, die letzte Möglichkeit, sich Getreide zu verschaffen, zu nehmen, wenn er wie befohlen alle Wege ungangbar mache. In einem anderen Brief schildert er die katastrophale Gesamtsituation der Bewohner und bittet darum, zu gestatten, den Einwohnern dieses Gebietes aus den preußischen Magazinen verbilligt Getreide verkaufen zu können, armen Familien ganz umsonst zu überlassen. Friedrich II. bewilligt daraufhin eine Summe von 4000 Talern zum Ankauf von Getreide für diese Bevölkerung.

Gideon Ernst Freiherr von Laudon, österreichischer Generalfeldzeugmeister (Schabkunstblatt von Puhler und Fuger).

Die schwierig zu sichernde Grenze ließ Zieten durch kleinere Husarendetachements und Freibataillone ständig überwachen. Regelmäßig alle acht Tage wurden sämtliche Vorposten abgelöst, damit sie sich erholen konnten. Gleichzeitig baute Zieten einen Kundschafterdienst auf, der bald über alle Bewegungen der Gegner bestens informiert.

Im Frühjahr 1757 wurden auf Befehl des Königs die Husarenregimenter Zieten, Szekely, Puttkammer, Seydlitz, Wartenberg und Werner um je 60 Mann verstärkt. Für die jeweilige Ausrüstung und die erforderlichen Pferde überwies der König an die Regimentschefs eine Pauschalsumme. Die Aufstockung der Zahl der Offiziere ermöglichte auch die Beförderung bisher bewährter Führer. Auch hier setzte sich Zieten beim König für bestimmte Offiziere nachdrücklich ein.

Zur Vorbereitung des Frühjahrsfeldzuges 1757 wurden Zietens Husaren im April nach Böhmen auf Erkundung geschickt, vor allem sollte festgestellt werden, ob die Wege einen Transport der Artillerie zuließen. Bei diesen Vorstößen kam es immer wieder zu kleineren Gefechten, die die Zieten-Husaren fast immer siegreich gestalten konnten. Beim Vorrücken der preußischen Hauptkräfte auf Prag gelang Zieten die Eroberung der österreichischen Magazine in Charwatetz. Schließlich bildete Zieten mit 20 Husaren- und 20 Dragonerregimentern die preußische Vorhut, die der sich zurückziehenden Nachhut der österreichischen Armee unter Browne am 1. Mai noch eine empfindliche Niederlage beibrachte. Am nächsten Tag stand die preußische Armee auf dem linken Moldauufer vor Prag. Friedrich II. wollte eine schnelle Schlachtentscheidung herbeiführen, ehe die nächste österreichische Armee unter dem Feldmarschall Daun herangerückt war. Dazu fehlte ihm aber die noch auf dem Anmarsch befindliche Teilarmee unter Schwerin. Am 5. Mai überschritt der König mit einem Teil des

Heeres die Donau, am 6. Mai vereinigten sich die Kräfte Schwerins mit ihm.

Die nach einer Erkundung sich entwickelnde Schlacht verlief anfangs gar nicht zu Gunsten der Preußen. Als der Feldmarschall v. Schwerin fiel, kam es vielmehr zu einer zusätzlichen Verwirrung unter der preußischen Infanterie. Der vom König entsandte Flügeladjutant v. Wobersnow vermochte nicht die Ordnung im fast fluchtartig zurückgehenden ersten Treffen wieder herzustellen. Er ritt deshalb eilig zu Zieten, der mit der gesamten Kavalleriereserve hinter dem Zentrum der Infanterie stand und eben zur Unterstützung der eigenen Kavallerie auf dem äußersten linken Flügel der Schlachtlinie vorrücken wollte. Zieten disponierte rasch um und brachte die zurückgehende eigene Infanterie mit seinen Regimentern zum Stehen.

Auch der Angriff der preußischen Kavallerie wandelte sich nach zwei gescheiterten Versuchen auf dem linken Flügel in eine Flucht. In dieser entscheidenden Situation traf Zieten mit den 50 Schwadronen der gesamten Kavalleriereserve an dieser Stelle ein und ging sofort zum Gegenangriff über, nachdem man auch die zurückflutende eigene Kavallerie einigermaßen wieder hatte sammeln können. Der wuchtige dritte Angriff dieser preußischen Kavalleriemasse, der die feindliche in der Front und in der Flanke zugleich traf und bei dem ein Teil der Zieten-Husaren schon die Rückzugslinie bedrohte, gelang vollständig. Die vollkommen durcheinandergeratene österreichische Kavallerie wurde auf die Infanterie ihres rechten Flügels zurückgworfen, brachte diese in Unordnung, so daß die hier allmählich vordringende preußische Infanterie nun endgültig siegte. Der Rückzug der Österreicher artete nun in einer wilden Flucht aus, zumal ihnen auch eine eigene Führung fehlte, nachdem Feldmarschall Browne schwer verwundet worden war und Prinz Karl von Lothringen nach einer Herzattacke das Schlachtfeld verlassen hatte. Der preußische Sieg war überwältigend, konnte aber nicht vollständig ausgebaut werden, weil die auf dem anderen Moldauufer noch stehenden preußischen Kräfte unter dem Fürsten Moritz von Dessau nicht rechtzeitig genug den Fluß überquerten und zudem die siegreiche Kavallerie das feindliche Lager plünderte und den dort vorgefundenen alkoholischen Getränken derart zusprach, daß Zieten dem Befehl des Königs zur Verfolgung des Feindes mit seinen Husaren nicht nachkommen konnte, er diesem mitteilen mußte, daß es vorläufig unmöglich sei die plündernden und trinkenden Reiter zu sammeln. Nur knapp 400 Reiter nahmen die Verfolgung auf, konnten aber wenig ausrichten. Insgesamt konnten so 13.000 Österreicher nach Süden entkommen, ein weiterer Teil sich nach Prag hinein retten. Ein wesentlicher Teil dieser entkommenen Truppen stand dann in den Reihen der österreichischen Kräfte, die sechs Wochen später den Sieg von Kolin über die Preußen errangen.

Der unvollständige Sieg von Prag zwang den König dazu, nun seine Armee zu teilen, um die eingeschlossenen Kräfte der

Österreicher in Prag zu belagern und gleichzeitig das österreichische Entsatzheer unter Daun zu beobachten, das vor dem nachrückenden Korps der Preußen unter Bevern, wozu auch Kräfte unter Zieten und Manstein gehörten, sich auf Kolin zurückzog. Die Österreicher wollten das Herankommen eines zusätzlichen Korps unter Nadasdy aus Mähren abwarten, das sich auch bald mit ihnen vereinigte. Am 5. Juni unternahm eine von Zieten geführte Abteilung von vier Bataillonen Infanterie und mit 1100 Mann Kavallerie einen erfolgreichen Angriff auf die österreichischen Magazine in Suchdol, wobei der Gegner wenig Widerstand leistete. Friedrich II. war sich im übrigen über die wahre Stärke der bei Kolin stehenden österreichischen Kräfte nicht im Klaren, widersprüchliche Aufklärungsberichte verwirrten ihn. Da ihn die vom Herzog von Bevern gegen die Armee Dauns unternommenen Vorstöße nicht genügten und er für die Einnahme von Prag aber dessen Kräfte brauchte, brach er mit einem kleinen Korps von 10 Bataillonen und 20 Schwadronen von Prag aus zu diesem auf, um dann zusammen mit den Truppen Beverns die Österreicher zur Schlacht zu stellen. Die Stärke der Daunschen Armee wurde von ihm immer noch unterschätzt, aber auch als er die große Überlegeheit der Österreicher kannte, beharrte er auf einer Schlacht.

Am Abend des 14. Juni vereinigten sich die beiden preußischen Korps. Die Disposition für die Schlacht erteilte der König seinen Heerführern am Morgen des 18. Juni nach einem ausführlichen Beobachtungsritt. Zieten hatte die Führung der Vorhut, die aus 50 Schwadronen – fast ausschließlich Husaren – bestand. Schon im ersten Ansturm gelang es den Zietenschen Reitern das auf dem äußersten rechten Flügel der Österreicher stehende Korps Nadasdy zu werfen und von der Hauptarmee abzudrängen. Er war aber damit der einzige preußische Heerführer an diesem Tag, der seine vom König gestellte Aufgabe erfüllte. Noch einmal bewies Zieten in dieser mit einer katastrophalen Niederlage für die Preußen endenden Schlacht Überblick und Mut, als er einen Teil seiner Reiter den bedrängten Hauptkräften der preußischen Kavallerie zu Hilfe schickte und selbst mit dem Rest seiner Abteilung einen erneuten Angriff des Korps unter Nadasdy zurückschlug. Aber der Ausgang der Schlacht war nicht mehr zu beeinflussen. Ein von Daun angeordneter Angriff der gesamten weit überlegenen Kavallerie gegen 18.00 Uhr brachte die Entscheidung, als diese 19 preußische Bataillone überritten. Friedrich selbst verließ das Schlachtfeld und übergab den Oberbefehl an Moritz von Dessau. Die preußische Armee verlor 13.700 Mann, 45 Kanonen und 22 Fahnen. Die Belagerung von Prag mußte sofort abgebrochen werden. Ende Juli drangen österreichische Kräfte in die Lausitz ein. Friedrich II. mußte daraufhin sein Lager bei Leitmeritz abbrechen und nach Sachsen zurückgehen, wo er sich mit den übrigen Kräften seiner Armee vereinigte.

Zieten war beim letzten Angriff gegen die Kräfte Nadasdys von einer Kartätschenkugel gestreift worden, die ihm die Mütze vom Kopf riß, eine Prellung verursachte und ihn vom

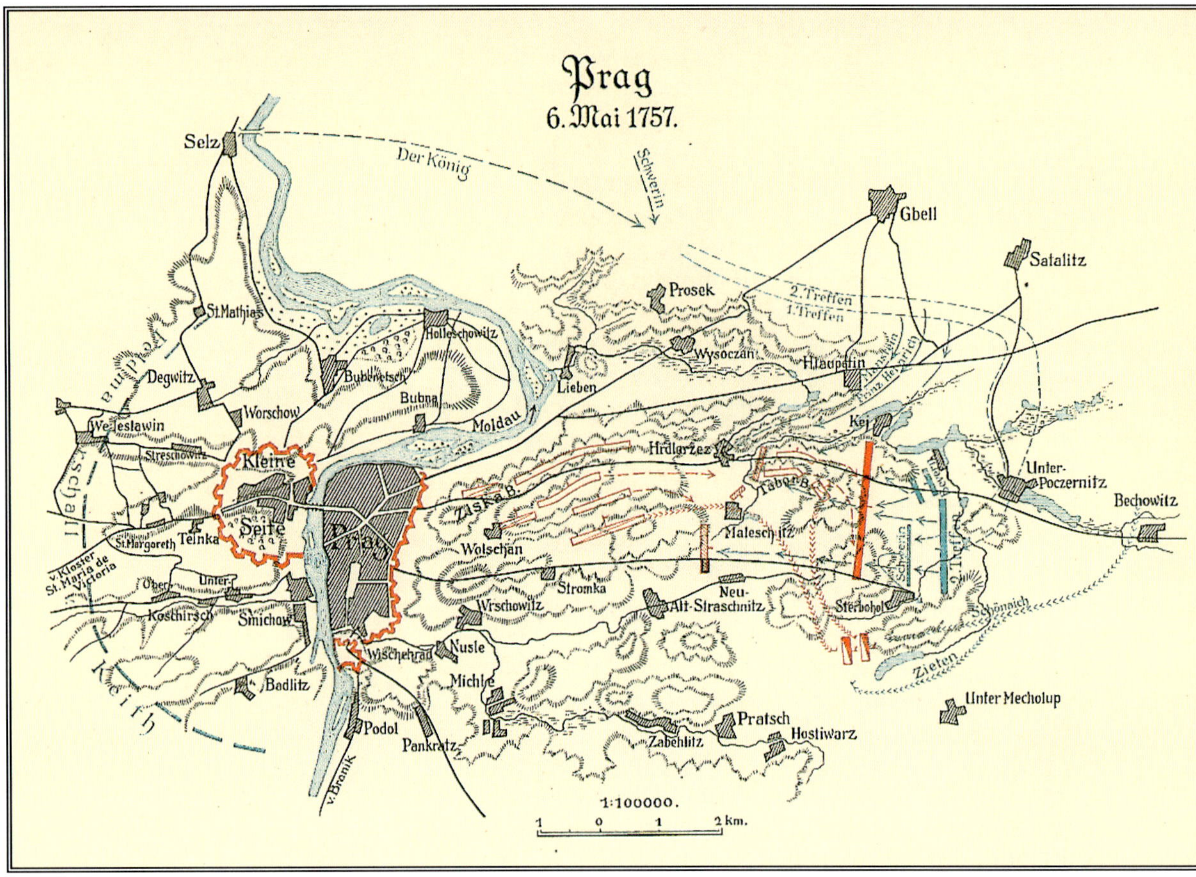

Pferd riß. Nur der Geistesgegenwart seines Ordonnanzoffiziers, des Kornetts v. Berge vom Krockowschen Kürassierregiment, war es zu verdanken, daß er nicht unter die Hufe der Pferde seiner eigenen Schwadron geriet. Dieser hatte den vom Pferd sinkenden General mit seinen Armen aufgefangen und ihn auf dem Pferd gehalten. In diesem Augenblick wurde auch das Pferd von einer Kartätschenkugel getroffen, stürzte und riß Zieten nun endgültig mit sich zu Boden. Mit großer Mühe gelang es dem Kornett, den General auf sein eigenes Pferd zu bringen und ihn mit Hilfe eines Kürassiers aus dem Schlachtengetümmel zu bringen.

Zieten erholte sich rasch von seiner Verwundung. Schon wenige Wochen danach führte er die Nachhut der preußischen Armeeabteilung unter dem Fürsten Moritz von Dessau bei ihrem Rückzug nach Sachsen. Dann wurde er der zur Deckung Schlesiens abgeordneten Abteilung unter dem neuen Oberbefehlshaber, dem Prinzen von Preußen, August Wilhelm, unterstellt. Der militärisch ziemlich unerfahrene Prinz konnte die ihm gestellte Aufgabe nicht erfüllen, weil er zudem weder auf Zietens noch auf Winterfeldts Ratschläge hörte. Als der König in den ersten Augusttagen mit seiner Armee nach Thüringen aufbrach, um sich dort der Reichsarmee und den Franzosen entgegenzustellen, wurde Zieten dem Korps des Herzogs von Braunschweig-Bevern zugeteilt, das nun mit der Deckung Schlesiens beauftragt war. Zieten erhielt in diesen Tagen die

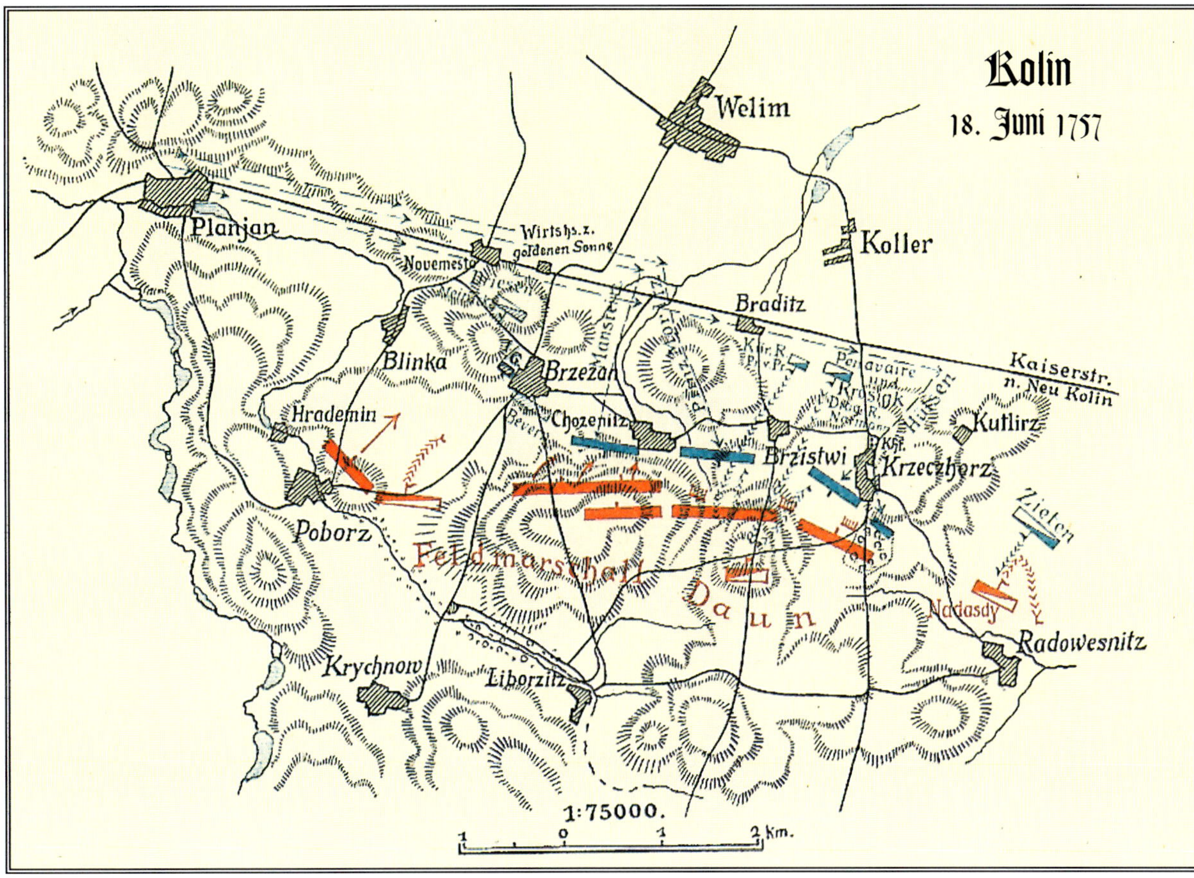

Genehmigung vom König, sein Regiment um einen Offizier, zwei Unteroffiziere und 24 Mann für jede Schwadron zu erweitern.

Der Herzog von Bevern war mit seinen nur 32.000 Mann nicht imstande, Schlesien zu decken. Allein die österreichische Hauptarmee unter Daun zählte 54.000 Mann, dazu kam noch ein Korps unter General Franz Leopold von Nadasdy. Bereits am 13. November mußte die Festung Schweidnitz kapitulieren. Am 22. November siegte die österreichsche Hauptarmee vor Breslau, die Stadt selber wurde am 25. November von der kleinen preußischen Besatzung gegen freien Abzug übergeben. In den Wochen von September bis Mitte November gehörte Zieten in den jeweiligen Beratungen über die nächsten gegen die Österreicher zu unternehmenden Schritte immer zu denjenigen, die für ein aktives Handeln eintraten. Aber diese Kräfte konnten sich nicht durchsetzen. In der Schlacht bei Breslau stand Zieten mit seinem Korps wieder seinem Gegner von Kolin, Nadasdy gegenüber, der inzwischen zur österreichischen Hauptarmee gestoßen war. Er hatte die Aufgabe, die linke Flanke der preußischen Aufstellung zu schützen. Hier erfolgte auch der erste Angriff des Tages gegen 9.00 Uhr bei dichtem Nebel. Zietens Korps reagierte aber so beweglich und rasch, daß dem österreichischen Angriff hier schon bald der Schwung genommen war. Bis zum Abend behaupteten hier die Preußen ihre Stellung und verhinderten so eine Umgehung der eigenen Hauptkräfte. Den allgemeinen Rückzug kommandierte dann der General Kyau, nachdem der Herzog von Bevern in österreichische Gefangenschaft geraten war. Die geschlagene Schlesische Armee der Preußen zog sich oderabwärts auf Glogau zurück, um sich dort mit der Armee des Königs zu vereinigen, der nach der siegreichen Schlacht bei Roßbach in Eilmärschen heranrückte, um die Österreicher wieder aus Schlesien zu vertreiben. Am 27. November traf der Generalmajor v. Kursell bei der Schlesischen Armee mit der Nachricht ein, daß die Generale Kyau, Katt und Lestwitz wegen der Kapitulation von Breslau und den dazu geführten Umständen verhaftet werden sollen. Das Oberkommando über die Armee übertrug er General v. Zieten. Dieser stellte die Ordnung einigermaßen wieder her und marschierte wegen Proviantmangels trotz anderer Anweisungen des Königs erst nach Glogau. Am 29. teilte er dem König mit, daß er schnellstmöglich zu seiner Armee stoßen werde. Aber die erschöpften Truppen brauchten wenigstens eine kurze Ruhepaues, so daß sich der Abmarsch verzögerte. Verlangsamt wurde er noch dadurch, daß auf Befehl Friedrichs II. 10 schwere 12pfündige Kanonen und vier 50pfündige Mörser mit Munition aus der Festung Glogau mitgebracht werden sollten. Zieten sandte aber die drei bei ihm befindlichen Husarenregimenter voraus, die sich bereits am 1. Dezember mit den Truppen des Königs vereinigten. Zieten erreichte mit seinen noch 18.000 Mann am 2. Dezember das königliche Lager bei Parchwitz.

Am frühen Morgen des 4. Dezember brach die Armee dann in Richtung Breslau auf. Einer verstärkten Vorhut unter der Führung des Königs, bei der sich alle Husarenregimenter befanden, gelang es im Städtchen Neumarkt eine vorgeschobene österreichische Abteilung fast ganz aufzureiben und 80.000 Brotportionen zu erbeuten. Viel wichtiger aber war die Nachricht, daß die österreichischen Hauptkräfte unter dem Herzog von Lothringen nicht mehr im befestigten Lager bei Breslau standen, sondern sich in freiem Feld bewegten. Friedrich II. beschloß sofort, dies auszunutzen und setzte seine Armee am 5. Dezember schon morgens um 4.00 Uhr in Marsch. Als die Truppen unterwegs das Lied sangen *„O Gott, du frommer Gott“*, soll der König zu Zieten gesagt haben: *„Meint Er nicht, daß ich mit solchen Truppen heute siegen werde?“*

Beim Dorf Borne traf die Vorhut auf eine zur Beobachtung dort postierte Kavallerielinie der Österreicher unter dem Grafen von Nostitz. Durch den Nebel waren die heranrückenden Preußen zu spät erkannt worden. Sofort warfen sich die Husaren unter Führung Zietens mit Wucht auf die feindlichen Reiter, die sofort geworfen wurden und von denen 11 Offiziere und 540 Mann in Gefangenschaft gerieten. In ihrem Eifer verfolgten die Zieten-Husaren den Gegner fast bis zu dessen Artilleriestellungen und konnten nur mit Mühe von Zieten und dem König wieder gesammelt werden. Der König hatte inzwischen bemerkt, daß die Österreicher offensichtlich den Hauptangriff seiner Armee auf ihren rechten Flügel vermuteten. Er bestärkte den Gegner in dieser Erkenntnis, indem er Kavallerie und Infanterie jenseits von Borne aufmarschieren ließ. Einige Hügelketten verschleierten den Abmarsch der preußischen Hauptkräfte nach Süden in Richtung auf Sagschütz. Nach schnellem Marsch griffen die preußischen Regimenter den linken Flügel der Österreicher an und begannen die dortigen Regimenter bald zu überrennen. Eine rasche Umgruppierung der eigenen Kräfte konnten aber Daun und Prinz Karl nicht bewerkstelligen, da ihre Truppenaufstellung dafür viel zu schwerfällig war. Den Österreichern gelang erst hinter dem Ort Leuthen wieder eine neue Truppenaufstellung. Die dort stellenweise 100 Glieder tiefe Infanteriemasse aber bot der preußischen Artillerie ein glänzendes Ziel und die Kanonenkugel brachten die Reihen bald in totale Verwirrung. Nun versuchte die österreichische Kavallerie ihrer schwer bedrängten Infanterie Entlastung zu bringen. Sie stürzte sich auf den anscheinend ungedeckten linken Flügel der Preußen. Überraschend aber stieß hier die preußische Reiterei unter General Driesen den österreichischen Schwadronen in die Flanke und warf sie zurück. Auf der Flucht vor der preußischen Kavallerie überitten sie ihre eigene Infanterie und bewirkten damit die endgültige Niederlage. 3000 Tote, 6000 bis 7000 Verwundete und über 12.000 Gefangene verloren die Österreicher, dazu 131 Kanonen, 9 Standarten und 46 Fahnen. Dic prcußischen Verluste beliefen sich bei Leuthen auf 6400 Tote und Verwundete.

Zietens Abteilung hatte während der Schlacht zuerst gegen die Truppen unter Nadasdy gekämpft, diese nach anfänglichen Schwierigkeiten vollständig geschlagen und danach die vom Fürsten Moritz von Dessau angegriffene österreichische Infanterie des linken Flügels derart zersprengt und in Verwirrung gebracht, daß sich ziemlich starke gegnerische Abteilungen wesentlich schwächeren preußischen Kräften ergaben. So hat ein Kornett vom Zietenschen Husarenregiment mit 10 Husaren 100 Österreicher gefangengenommen. Er wurde dafür zum Rittmeister ernannt und mit dem Orden pour le mérite belobigt.

Am 6. Dezember führte Zieten die zur Verfolgung des Gegners ausgesandten Truppen, neben 9 Bataillonen vor allem alle Husarenregimenter – außer dem von Szekely –, 5 Dragonerregimenter sowie die Freibataillone Angenelli und Kalben. Gleich am ersten Tag wurden 3000 Versprengte gefangen sowie 400 Brot- und Bagagewagen eingebracht. Zieten rückte bis Breslau vor. Seine Husaren erbeuteten allein am 7. Dezember noch einmal 1000 Wagen der Österreicher. Auch an den Folgetagen waren Zietens Kräfte ununterbrochen in der Verfolgung des Gegners, bestanden kleinere Scharmützel, brachten Gefangene und Beute ein.

Friedrich mit seinen Heerführern (Bildmitte Zieten) auf dem Schlachtfeld von Leuthen.

Ansprache Friedrichs II. an die Generale vor der Schlacht bei Leuthen.

Friedrich der Große und Zieten nach der Schlacht bei Leuthen.

„Friedrich der Große ruht auf dem Schoße eines Soldaten" (Zieten und Seydlitz stehend).

Bericht Zietens vom 8. Dezember 1757 aus Borau an den königlichen Generaladjutanten v. Wobersnow

„Ew Hochwohlgeboren melde auff Dero Geehrtes, daß ich nicht wißen kan, wie viel Canonen dem feind noch abgejaget worden, zumahlen ich gestern Mein regiment nebst dem Seidelitzschen dergestalt verteilet gehabt, daß sie von der Olau biß an der Loh alles durchgestreifft und also Einjeder, dem waß zu Händen gekommen, selbiges recta nach der Armee geschickt, und da die selbes Commandos noch nicht alle wieder zu mir gestoßen, so kan auch nicht wißen, wie viel es zusammen betreget; Wagens sind gestern mehr als 1000 Stück weggenommen worden, und die Straßen stehen überall noch foll wagen, wo sie die ferde von genommen und stehen laßen. Heute umb 2 Uhr passirte ihre Arriergarde Borau, da den das Würtembergisch und Norman regiment, so darauff Einhauen mußten, 1 Rittmeister, 2 lieutenants, 1 Cornett und 93 Mann Cürassier gefangen gemacht und das Seidelitzsche regiment, puttkammer und mein regiment 251 Mann; 1 Officier und 6 Mann sind in der loh versoffen; sie hatten drey brücken über der loh, eine bei Deutchlaud, Eine bey der säge Müle und durch Borau. Die Colonnen haben weiter gehen wollen auf Klein Dietz, Jordantz Mühle und Klein Knignitz, die Armee hatte angehalten und war willens gewesen ruhetag zu halten, der rechte flügel bey peterkau und der lincke flügel nach gordans Mühle und 6000 Mann zu bedeckung der Bagage bey groß briesen; da aber ich den rest von der bedeckung angegriffen und den Ersten Canonen Schuß getan, ist die Armee sogleich auffgebrochen und weiter gerückt. Das Kalbische regiment hat auch 1 Officier und 4 Mann gefangen gemacht. Da es schon anfanget Nacht zu werden und die leute wegen des tieffen weges fatigiret, so bleibe heute in die Dörffer Borau, Waldhin, Klein briesen, groß briesen und Groß Borgowitz, ich werde die östreicher Armee die nacht recognosciren lassen und morgen vor tage sie wieder folgen.

P.S. Zum wenigsten sind ihnen bey dem übergange der loh 1000 bagage und Marketender wagen abgenommen worden, unssre Brodt und Geldwagen sehen wir mit Schmertz Endgegen, und hoffe ich, daß das battalion von Mandeuffel selbige mitbringen wird."

Als Zieten am 9. Dezember seinen erschöpften Truppen einen Rasttag gewährte, brachte ihm das einen Tadel des Königs ein, der unter eine Kabinettsordre schrieb: *„Ein Tag Fatigue in diesen Umständen, mein lieber Zieten, bringt uns in der Folge 100 Ruhetage; nur immer dem Feind in die Hessen (Hacken) gesessen."* Das Zietensche Korps blieb den zurückweichenden Österreichern weiter auf den Fersen. An keiner Stelle ihres Rückzuges versuchten diese ernsthaft Widerstand zu leisten. Zietens schwaches Korps brachte den Österreichern immer wieder Verluste bei, machte in den vierzehn Tagen der rastlosen Verfolgung 2500 Gefangene und erbeutete 3000 Wagen. Am 21. Dezember kapitulierte die österreichische Besatzung

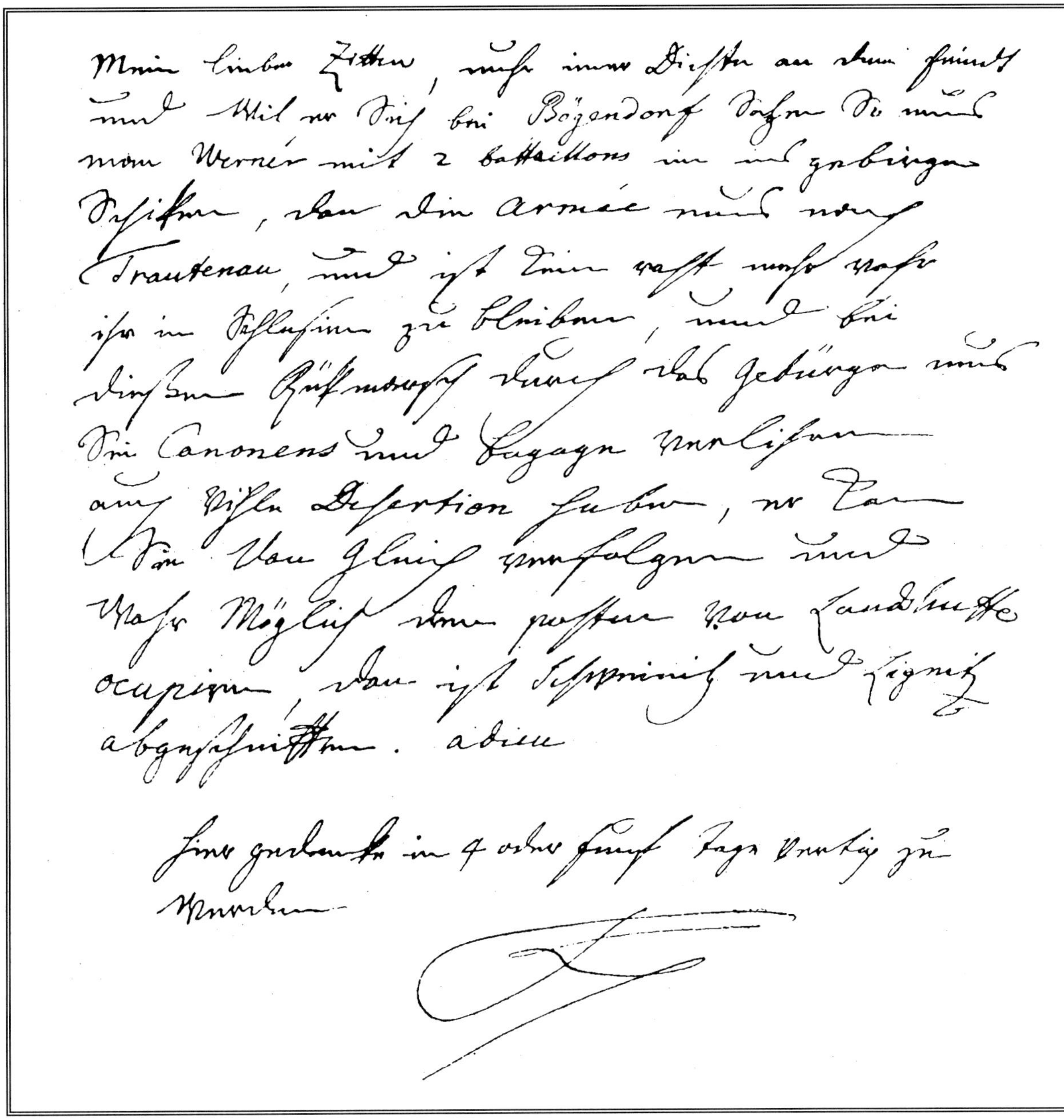

von Breslau, 17.600 Mann gerieten in Gefangenschaft. In Böhmen trafen nur noch 25.000 Mann österreichischer Truppen in erbarmungswürdigem Zustand ein, sie hatten seit der Schlacht von Leuthen über 40.000 Mann verloren. Bis zum Jahreswechsel 1757/58 konnten die preußischen Kräfte bis auf Schweidnitz und Teile von Oberschlesien die gesamte Provinz zurückerobern. Zieten und seine Husaren hatten daran hervorragenden Anteil.

Eine Aufgabe aber hatte der König noch für seinen Husarengeneral. Er sollte einen Angriff auf die bei Trautenau und Schatzlar vorhandenen großen Magazine mit Lebensmitteln unternehmen, um dem Feind die Aufnahme neuer Kampfhand-

Schreiben Friedrich II. an Zieten vom 14. Dezember 1757

„Mein lieber Zieten, nuhr immer Dichte an den feindt, und Wil er Sich bei Bögendorf Setzen, So mus man Werner mit 2 bataillons im ins gebirge Schicken, dan die Armee mus nach Trautenau, und ist kein raht mehr vohr ihr in Schlesien zu bleiben, und bei dießem Rückmarsch durch das Gebürge mus Sie Canons und bagage verlihren, auch vihle Desertion haben; er kan Sie dan gleich verfolgen und wahr Möglich den posten von Landschaften occupiren, dan ist Schweinitz und Lignitz abgeschnitten. adieu Hier gedenke in 4 oder fünf Tage vertig zu werden.

Friedrich"

lungen im Frühjahr zu erschweren. Sollte es mit einem Angriff nicht gehen, so sollten sie wenigstens durch einen Brand vernichtet werden, bis zu 1000 Dukaten war er bereit an Leute zu zahlen, die man dafür gewinnen konnte. Da Zieten einen Angriff mit seinen schwachen Kräften auf die gut verteidigten Magazine als sinnlos ansah, wollte er es mit der Inbrandsetzung versuchen. Aber dafür fand sich keine Gelegenheit. Vielmehr wurde Zieten vom König sofort zur Sicherung der schlesischen Grenze eingesetzt, wo er vor allem dafür zu sorgen hatte, daß die belagerte Festung Schweidnitz keinen Entsatz erhielt. Diese Aufgabe war mit den seit vielen Wochen im Einsatz befindlichen Kräften nur sehr schwer zu realisieren. Wenigstens wurden sein eigenes und das Regiment v. Warnery erst einmal zur Auffüllung in die Winterquartiere gesandt.

Um die Jahreswende 1757/58 hatte Zieten sein Hauptquartier in Landshut, von wo aus er einen effektiven Vorpostendienst organisierte, der über alle Aktivitäten der Österreicher gut informiert war. Da der König ihm mehrere tausend Taler zur Anwerbung von Spionen geschickt hatte, konnte er bis weit nach Böhmen hinein Aufklärung betreiben. So verging die Zeit bis zum März 1758 mit anstrengendem Posten- und Erkundungsdienst. Am 17. April mußte die österreichische Besatzung von Schweidnitz kapitulieren. Damit befand sich nun wieder ganz Schlesien in preußischer Hand. Friedrich II. beschloß nun einen Angriff auf Mähren, um hier die Festung Olmütz zu erobern und die in Böhmen stehenden österreichischen Hauptkräfte damit zu überraschen. Die durch das unter Zietens Befehl stehende Korps gebildete Postenkette entlang der böhmischen Grenze verhinderte, daß der Gegner kaum sichere Nachrichten über die preußische Armee erhielt. Bereits am 5. Mai stand der preußische König mit seiner Armee vor Olmütz und begann die Belagerung, die allerdings bis zum Monatsende eher eine Blockierung war, denn bis dahin waren noch gar keine Belagerungsgeschütze vorhanden. Zudem fehlte es in der preußischen Armee auch an Männern, die etwas von einer Belagerung verstanden. Der durch die Überraschung zu Anfang Mai errungene Vorteil war so rasch dahin. Da die preußische Armee nicht in der Lage war, die Festung völlig einzuschließen, konnte die inzwischen herangerückte österreichische Hauptarmee unter Feldmarschahll Daun die Festungsbesatzung immer wieder unterstützen. In den Gefechten bei Gundersdorf und Domstadl am 28. bzw. 30. Juni gelang es den weit überlegenen leichten Truppen der Österreicher einen großen preußischen Munitionstransport zu attackieren und dabei 2000 Wagen zu erbeuten, auch Zietens Anwesenheit konnte hieran nichts ändern. Friedrich II. mußte nun die Belagerung am 1. Juli abbrechen und begann den Rückzug durch Böhmen auf Schlesien. In dieser Zeit blieb Zieten von seinem Regiment getrennt. Seine Husaren fochten mit dem König erfolgreich in der Schlacht von Zorndorf am 25. August 1758. Er selbst befand sich beim preußische Korps unter dem Markgrafen Karl von Lothringen in Schlesien und konzentrierte dort seine Bemühungen darauf, die Österreicher an einem erneuten

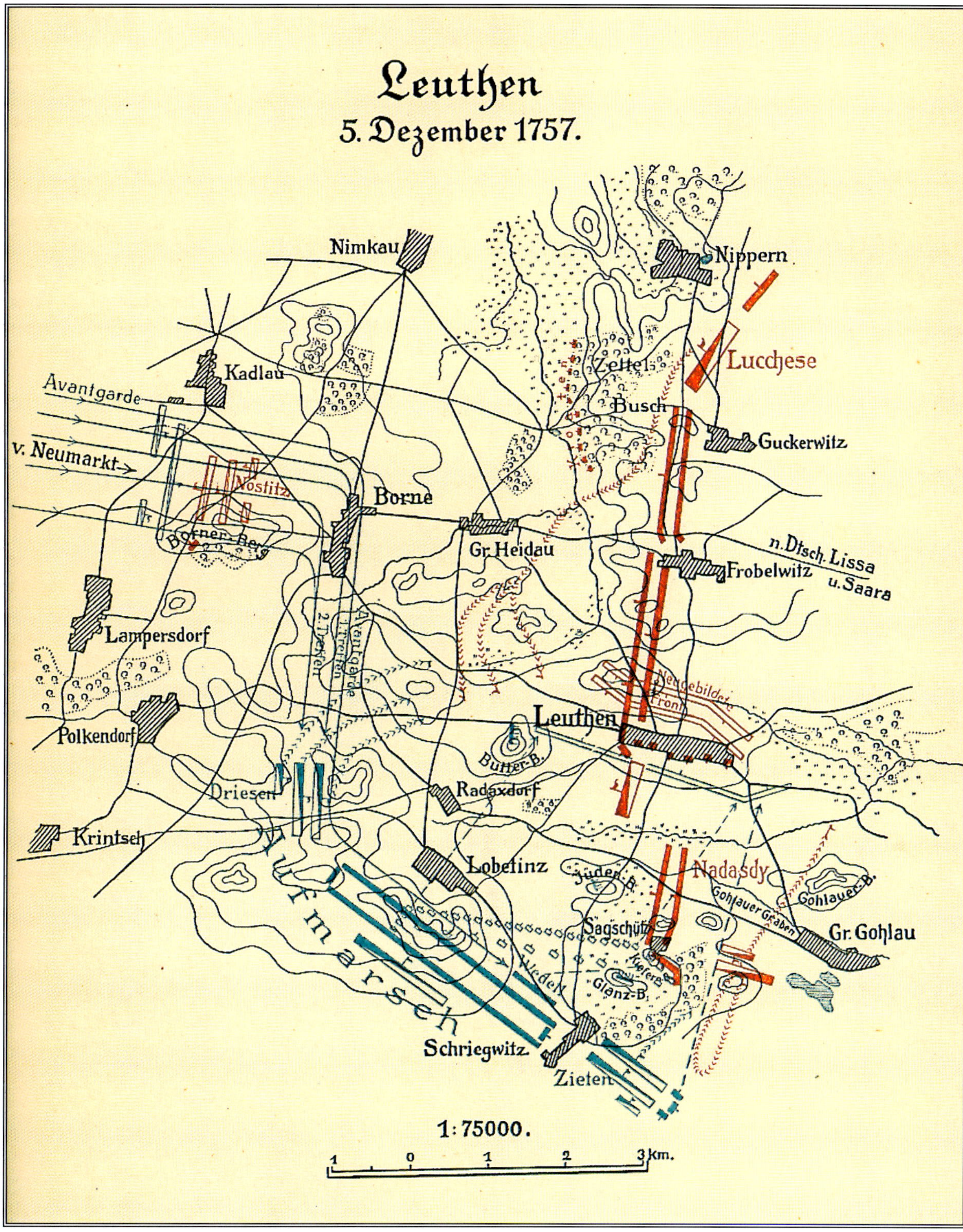
Leuthen
5. Dezember 1757.
Nimkau
Nippern
Kadlau
Zettel
Lucchese
Busch
Avantgarde
v. Neumarkt
Nostitz
Guckerwitz
Borne
Borner Berg
Gr. Heidau
n. Dtsch. Lissa
u. Saara
Frobelwitz
Lampersdorf
2. Treffen
1. Treffen
Avantgarde
Neugebildete Front
Leuthen
Polkendorf
Butter-B.
Driesen
Radaxdorf
Krintsch
Aufmarsch
Lobetinz
Jüden-B.
Nadasdy
Gohlauer Graben
Gohlauer-B.
Gr. Gohlau
Sagschütz
Kiefer-B.
Glanz-B.
Schriegwitz
Zieten
1:75000.
1 0 1 2 3 km.

Einmarsch in diese Provinz zu hindern. Im September vereinigten sich die Armeekorps des Königs und des Markgrafen. Bei Hochkirch kam es dann am 14. Oktober zu Schlacht. Trotzdem der König über einen bevorstehehenden Angriff der Österreicher informiert war, negierte er die Warnungen seiner Generale, darunter auch die von Zieten.

Seit dem 11. Oktober standen sich die beiden Heere auf engstem Raum gegenüber. Die österreichische Armee unter Daun lagerte auf den Kittlitzer Höhen in der Nähe der sächsischen Stadt Löbau. Als Friedrich II. am Abend des 13. Oktober Oberst Seelen von den Zieten-Husaren meldeten, daß seine Patrouillen im Lager des Feindes verdächtige Bewegungen wahrgenommen hatten, glaubte dies der König nicht, weil er immer noch an seiner Meinung festhielt, daß die Österreicher sich kampflos nach Böhmen zurückziehem würden. Zieten sah das Unglück kommen. Als der König befahl, die Kavallerie absatteln zu lassen und sich zur Ruhe zu begeben, ließ das Zieten keine Ruhe. Nach reichlichem Grübeln befahl er dieser, sofort wieder zu satteln und sich zum plötzlichem Aufbruch bereitzuhalten. Im Dunkel der Nacht ließ unterdessen Feldmarschall Daun seine Truppen aufmarschieren, führte sein Korps in weitem Bogen bis in die unmittelbare Nähe von Hochkirch, während sein General Laudon das andere Koprs bis in die Gegend von Waditz führte, wo es im Rücken des rechten preußischen Flügels Aufstellung nahm. Schlag 5.00 Uhr erfolgte der Angriff. Mit lautem Geschrei fielen die Panduren und Kroaten über die Feldwachen der Zieten-Husaren her und warfen sie zurück, während die Hauptkräfte ins preußische Lager eindrangen. Die völlig überraschten und total desorientierten preußischen Soldaten vermochten nur allmählich mühsam Widerstand zu leisten. Zietens Husaren verschafften durch Angriffe der preußischen Infanterie wenigstens teilweise die Zeit, die zur Ordnung notwendig war, so daß nicht alles im Chaos versank. Ein Gewaltangriff Zietens mit der gesamten Kavallerie des rechten preußischen Flügels brachte so viel Entlastung, daß ein einigermaßen geordneter Rückzug der Armee möglich wurde. Die Niederlage war aber deutlich: 9000 Mann, 101 Kanonen, 28 Fahnen und 2 Standarten. Der Gegner verlor immerhin auch 7000 Mann. Zietens und Seydlitz' Kavallerie aber hatte den Rückzug so gesichert, daß er nun in Ruhe und Ordnung vorgenommen werden konnte, zumal die Österreicher nicht nachstießen.

Die gewonnene Schlacht brachte Österreich keinen Vorteil, denn nachdem die preußische Armee die vom österreichischen General Harsch belagerte Festung Neisse entsetzt hatte, kehrte sie nach Sachsen zurück und zwang die Hauptkräfte der Österreicher zum Rückzug nach Böhmen.

Als die Armee in ihre Winterquartiere ging, mußte Zieten eine geradezu entsetzliche Reduzierung seines Regiments feststellen. Viele Offiziere, unter ihnen Oberst Seel(en), waren geblieben. Die Schwadronen hatten kaum noch die Hälfte ihres

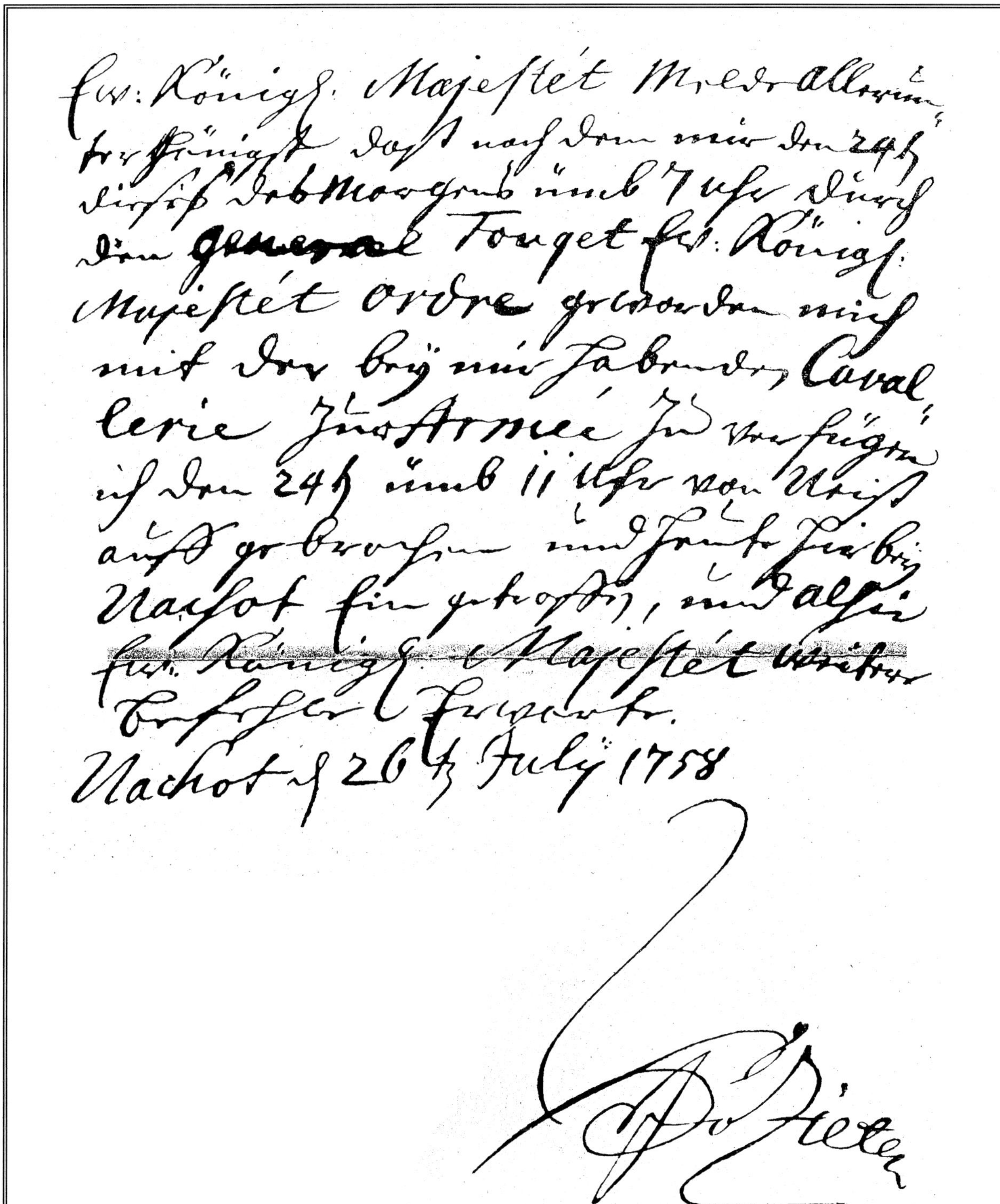
Ew: Königl: Majestet Melde allerun terthänigst daß nach dem mir den 24ten dieses des Morgens umb 7 Uhr durch den general Fouget Ew: Königl: Majestet Ordre geworden mich mit der bey mir habenden Caval lerie zur Armee zu verfügen ich den 24ten umb 11 Uhr von Neiß auffgebrochen und heute hir bey Nachot Eingetroffen, und alhir Ew: Königl: Majestet weitere befehle Erwarte.
Nachot d 26t July 1758
v Zieten

Schreiben Zietens an Friedrich II. vom 26. Juli 1758

„E.K.M. melde allerunterthänigst, daß nach dem mit den 24ten dieses des Morgens umb 7 Uhr durch den General Fouquet E.K.M. Ordre geworden, mich mitder bey mir habenden Cavallerie zur Armee zu verfügen, ich den 24ten umb 11 Uhr von Neiß auffgebrochen und heute hir bey Nachot Eingetroffen und alhier E.K.M. weitere Befehle Erwarte.
Nachot, 26te July 1758

v. Zieten.“

Mannschaftsbestandes. Die Auffüllung mit dem notwendigen Ersatz erwies sich als äußerst schwierig. Das von Zieten kommandierte Korps bezog fast wieder dieselben Winterquartiere wie im Vorjahr. Die anfangs etwa 20.000 Mann preußische Truppen konnten durch erfolgreiche Werbungen bald verstärkt werden, so daß die Mehrzahl der Regimenter wieder über einen kompletten Mannschaftsbestand verfügten. Das Korps setzte sich aus 30 Bataillonen und 35 Schwadronen zusammen. Zietens Hauptquartier befand sich über Monate in Landshut. Die Postenlinie zog sich von Greifenberg und Löwenberg über Hirschberg, Schmiedeberg, Landshut, Kloster Grüssau, Gottesberg, Tannhausen bis nach Reichenbach, Frankenstein und Waldenburg. Wieder wurden die feindlichen Lager im Böhmischen rund um die Uhr überwacht. Preußische Husaren erschienen sogar auf den Kämmen des Riesengebirges. Mit großer Regelmäßigkeit wurde dem König Bericht erstattet.

Schwerpunkt war in diesem Winter die Ausbildung der Truppen. Speziell dem eigenen Regiment widmete Zieten große Aufmerksamkeit, da die Rekruten einzuexerzieren und die Offiziersstellen teilweise neu zu besetzen waren. Den gefallenen Oberst v. Seel(en) ersetzte der bisherige Major beim Möhringschen Regiment v. Zedmar. Im Gegensatz zu mancher Disziplinlosigkeit der Husaren in Friedenszeiten, kam es nicht zu Übergriffen. Zieten achtete sehr streng auf Disziplin und Ordnung, damit von der Bevölkerung keine Klagen kamen. Von der sonst auch im preußischen Heer immer stärker um sich greifenden Plünderungs- und Marodierungswelle blieb das Zietensche Korps nahezu ausgenommen.

Das Jahr 1759 gestaltete sich für die preußische Sache sehr unglücklich. Zwischen zwei Gegnern – den Russen und den Österreichern – lavierend, mußte Friedrich bittere Niederlagen hinnehmen. Am 23. Juli wurde seine unter dem Kommando des Generals v. Wedell stehende Armee bei Kay fast gänzlich aufgerieben. Und am 12. August erlitt die unter dem Befehl des Königs stehende Armee bei Kunersdorf eine schwere Niederlage. Friedrich selbst geriet fast in Gefangenschaft, wurde durch den Leutnant v. Velten von den Zieten-Husaren davor bewahrt und vom Rittmeister v. Prittwitz schließlich vom Schlachtfeld geführt. In dieser kritischen Situation half der Gegner. Der russische Befehlshaber Saltykow schrieb an den österreichischen Oberkommandierenden Feldmarschall Daun: *„Für dieses Jahr ist es genug. Ich habe zwei Schlachten gewonnen und warte auf die Nachricht zweier Siege von Ihnen; denn es ist nicht billig, daß die Truppen meiner Kaiserin ganz allein handeln sollen.“*

Auf der anderen Seite erwiesen sich die vom Bruder des Königs, Prinz Heinrich, in Schlesien stehenden Kräfte, bei denen sich Zieten befand, als so geschickt agierend, daß sie die militärische Unterlegenheit gegenüber den Österreichern weitgehend ausgleichen konnten. Gerade Zieten hatte als Führer der Vorhut dabei immer die schwierigsten Aufgaben zu lösen. Zahlreiche Überfälle auf die überdehnten Nachschublinien der österreichischen Armee sorgten dafür, daß diese aus Proviantmangel zum Rückzug in den südlichen Teil Schlesiens gezwungen wurden. Am Jahresende 1759 aber war die preußische Armee gezwungen, einen Teil Sachsens dem Gegner zu überlassen. Zietens Korps stand bei Kesselsdorf. Entsprechend dem königlichen Auftrag entsandte der Husarengeneral Werber

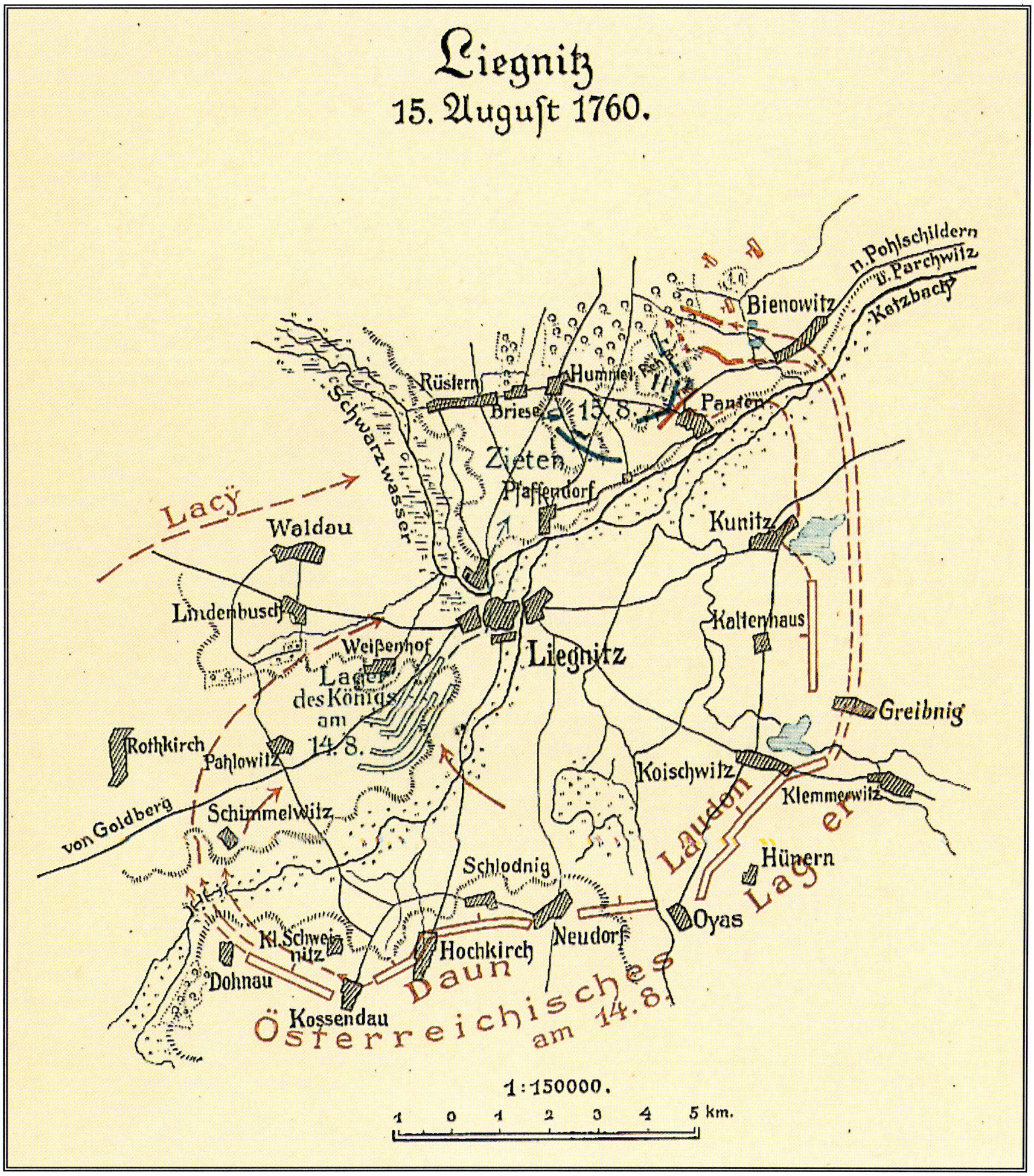

bis nach Mecklenburg und Anhalt sowie Berlin, um sein Regiment wieder mit Mannschaften aufzufüllen. Ersatzpferde stellte der König. Außerdem bedankte sich Friedrich II. bei Zieten für seinen Einsatz im vergangenen Feldzug mit der Übersendung eines Geldgeschenks. Im Anschreiben hieß es dazu: *„Ich wünschte, daß ich in meinen jetzigen Umständen im Stande wäre, meine Erkenntlichkeit gegen Euch wegen Eurer unermüdeten und rechtschaffenen Dienste auf eine beträchtliche Art an den Tag legen zu können. Ihr könnet indessen persuadiret (versichert) sein, daß ich solche nie vergessen werde.“* Wieder

Hans Joachim von Zieten, preußischer General der Kavallerie (Holzschnitt von A. v. Menzel).

stellte ein harter Winter an die Husarenpatrouillen, die sich fast ständig auf Vorposten oder auf Erkundung befanden, hohe Anforderungen. Doch die erbrachten Beobachtungen über den Gegner ermöglichten eine weitestgehend optimale Vorbereitung der preußischen Truppen auf den Feldzug 1760.

In Schlesien stand es schlimm um die preußische Sache. Am 26. Juli mußte sich die Besatzung der Festung Glatz ergeben. Nunmehr wandte sich Friedrich II. mit seinen dem Gegner gegenüber nur schwachen Hauptkräften nach Schlesien. Bald stand seine Armee inmitten dreier feindlicher Heere – das unter Lacy, das unter Laudon und das unter Daun. 30.000 Preußen waren von 90.000 Österreichern umfaßt. Bei Liegnitz sollte die Entscheidung fallen. Aber Friedrich II., der von den Angriffsplänen der Österreicher erfahren hatte, blieb mit seinem Heer nicht in den Positionen, die die österreichische Führung zur Grundlage ihrer Disposition für einen gemeinsamen Schlag ihrer drei Heere vorgesehen hatten. In der Nacht vom 14. zum 15. August brachen die Preußen aus ihrem Lager auf, marschierten durch Liegnitz in Richtung Parchwitz und besetzte die Höhen von Pfaffendorf und Panthen. Hier trafen die anmarschierenden Kräfte unter Laudon Stunden später auf Preußen, zuerst auf Zietens Regiment, wo gar keine stehen sollten. Laudon, der ein baldiges Eingreifen der Kräfte unter Feldmarschall Daun erwartete, nahm die Schlacht an. Der König formierte sein Zentrum und den linken Flügel und übergab Zieten die Aufgabe, ein Eingreifen der österreichischen Hauptkräfte in die Schlacht zu verhindern. Zieten erhielt dazu die Führung über den rechten Flügel. Hier wehrten die 15.000 Preußen einen viel zu spät erfolgenden Entsatzversuch der Daunschen Truppen erfolgreich ab. Inzwischen hatte Friedrich II. einen vollen Erfolg über das Heer unter Laudon errungen. Zietens Heeresabteilung hatte diesen Sieg durch ihr Wirken als Sperrformation erst ermöglicht. Es wird berichtet, daß der König unter Tränen der Freude Zieten auf dem Schlachtfeld umarmt habe und ihn dort zum General der Kavallerie ernannte.

Mit der Schlacht bei Liegnitz hatte sich Friedrich II. die Verbindung zur Armee unter seinem Bruder Heinrich erkämpft, der nun die russischen Truppen nach Polen abdrängen konnte. Für alle Kriegsschauplätze aber war das preußische Heer zu schwach. In Schlesien konnte man zwar nunmehr wieder frei operieren, aber dafür machte sich die Reichsarmee in Sachsen breit und 20.000 Russen unter Totleben sowie 15. 000 Österreicher unter Lacy gingen gegen Berlin vor, besetzten und plünderten die Stadt. Am 7. Oktober brach deshalb der König in Richtung Berlin auf, dicht gefolgt vom österreichischen Hauptheer unter Daun. Russen und Österreicher räumten auf die Nachricht vom Anmarsch Friedrichs II. Berlin. Am 26. Oktober vereinigte sich der König bei Dessau mit dem Korps unter Prinz Eugen von Württemberg. 56.000 Mann mit 288 Geschützen standen nun den 52.000 Österreichern mit ihren 275 Geschützen unter Daun gegenüber. Um diese feindlichen Kräfte aus

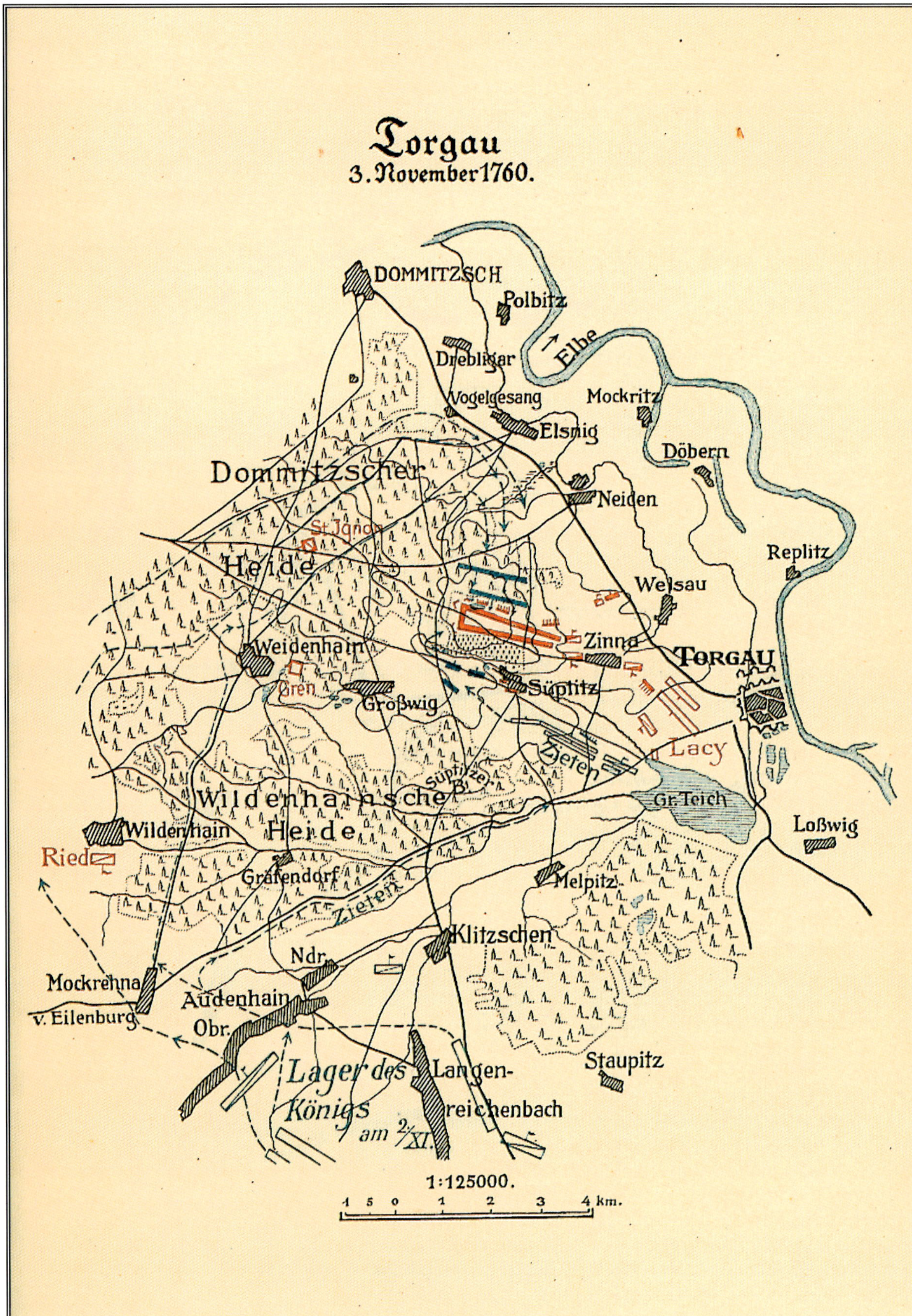
Torgau
3. November 1760.
DOMMITZSCH
Polbitz
Elbe
Drebligar
Vogelgesang
Mockritz
Elsnig
Döbern
Dommitzscher
Neiden
St. Ignaz
Heide
Replitz
Welsau
Zinna
TORGAU
Weidenhain
Süptitz
Gren
Großwig
Lacy
Zieten
Süptitzer B.
Gr. Teich
Wildenhainsche
Wildenhain
Heide
Loßwig
Ried
Gräfendorf
Melpitz
Zieten
Klitzschen
Ndr.
Mockrehna
Audenhain
v. Eilenburg
Obr.
Lager des Königs
am 2/XI.
Langen-reichenbach
Staupitz
1:125000.
1 5 0 1 2 3 4 km.

König Friedrich und Zieten nach der Schlacht bei Torgau: „Friedrich schloß tiefbewegt seinen General in die Arme und sagte laut: 'Ja Zieten, Er hat recht; das hat ein höherer getan als wir beide!'“ (Colorierte Zeichnung von Carl Röchling).

Sachsen zu werfen, entschloß sich der König zum Angriff auf diese auf den Anhöhen bei Torgau stehenden Kräfte.

Friedrich II. teilte am Abend des 2. November 1760 zum ersten Mal seine Truppen in zwei gesonderte Korps, die vollkommen selbständig operieren sollten. Die unter seinem Befehl stehenden Hauptkräfte sollten die österreichische Stellung umgehen und diese im Rücken angreifen. Das andere, unter dem Befehl Zietens stehende schwächere Korps von 16.000 Mann sollte den Gegner frontal beschäftigen. Am Morgen des naßkalten 3. November rückte der König mit vier Kolonnen nach Westen ab und schwenkte dann nach Norden ein. In der Dommitzscher Heide kamen die Truppen nur langsam voran. Erst gegen Mittag erreichten sie offenes Gelände. Daun hatte inzwischen Nachrichten vom Vormarsch der Preußen erhalten und seine Kräfte umgruppiert. Als die 1. und 2. preußische Kolonne angriffen, stießen sie auf starken Widerstand, auch ein zweiter Angriff scheiterte unter hohen Verlusten. Erst der Angriff der 3. Kolonne brachte Fortschritte. Bis zum Abend wogte der Kampf hin und her. Die Österreicher sahen sich schon als Sieger, als plötzlich die Truppen Zietens die Stellungen des Gegners bei Süptitz angriffen und diese zurückdrängten, so daß der bereits am Nachmittag verwundete Daun von Torgau aus den Rückzug anordnete. Am frühen Morgen überbrachte Zieten dem in der Kirche des Dorfes Elsnig wartenden König die Siegesnachricht, die dieser tiefbewegt entgegennahm.

Die blutige Schlacht (die preußische Armee verlor 40 % von ihrer Gesamtstärke) brachte allerdings keine Entscheidung, da die völlig erschöpften preußischen Tuppen zu keiner Verfolgung mehr in der Lage waren.

Die Winterquartiere 1760/61 erhielten die unter dem Befehl Zietens stehenden Truppen diesmal in der Gegend von Meißen zugewiesen. Für das Verhalten gegenüber der sächsischen Bevölkerung, die ja in den vergangenen Feldzügen schon schwer unter den ständigen Forderungen der verschiedenen Truppen hinsichtlich der Lieferung von Lebensmitteln, Futter und der Erfüllung von Kontributionsforderungen zu leiden hatte, verlangte der König strengste Disziplin, was weitestgehend eingehalten wurde. Gleichzeitig wurden in diesen Monaten wieder die Regimenter aufgefüllt und die neuen Rekruten eingeübt. In einem Schreiben des Königs an Zieten forderte er hier besonderen Eifer, *„damit die Kerls im Frühjahr nicht so Bauers sind und man sie so viel zu Soldaten macht, als es die Zeit und Umstände zulassen."* Als Regimentschef sorgte Zieten auch für die Ergänzungen im Offizierkorps. Für den in der Schlacht bei Torgau gefallenen Regimentskommandeur v. Zedmar wurde auf seinen Vorschlag vom König der Major v. Hundt ernannt, dazu die Rittmeister v. Rohr, v. Mahlen und v. Prittwitz zu Majoren befördert.

Im Feldzug von 1761 befand sich Zieten bei der nach Schlesien ziehenden Armee unter Friedrich II. Als der eine kleine Armeeabteilung zur Beobachtung der russischen Truppen kommandierende General v. d. Goltz plötzlich verstarb, wurde Zieten mit dieser Aufgabe betraut. Im August/September stand Zieten dann mit seinen Husaren mit im Lager von Bunzelwitz. Zu Ende des Jahres befanden sich, trotzdem keine Schlacht für Preußen verlorengegangen war, halb Schlesien, ganz Hinterpommern und Teile Sachsens in den Händen der Kriegsgegner. Die weitaus überlegene feindliche Koalition drohte das erschöpfte preußische Königreich zu überwältigen. In dieser geradezu ausweglosen Situation kam es durch den Tod der Zarin Elisabeth von Rußland am 5. Januar, deren Nachfolge der preußisch gesinnte Peter III. wurde, zu einem radikalen Wandel in der russischen Außenpolitik. Preußen und Russen schlossen am 5. Mai 1762 Frieden und gingen danach sogar ein Bündnis ein. Auch mit Schweden konnte Friedrich II. kurz darauf Frieden schließen. Die Entlassung der preußischen Kriegsgefangenen aus russischen und schwedischen Händen, sowie die nun wieder mögliche Werbung in Ostpreußen und Pommern versetzte Friedrich II. in die Lage, seine Armee wieder ausreichend zu verstärken.

Zieten war an den Gefechten dieses Feldzuges dann nicht direkt beteiligt, wirkte aber mit seinen Husaren ständig in der

Aufklärung und Sicherung von Bewegungen der Armee des Königs. Mit der Kapitulation der österreichischen Besatzung von Schweidnitz am 9. Oktober 1762 ging der Feldzug in Schlesien zu Ende. Nur 20 Tage später fiel mit dem Sieg der preußischen Armee unter dem Prinzen Heinrich über die Österreicher und die Reicharmee bei Freiberg die letzte taktische Entscheidung dieses Krieges. Am 24. November 1762 schlossen Österreich und Preußen eine Konvention, in der die gegenseitigen Winterquartiere festgelegt wurden. Am 15. Februar 1763 folgte der Abschluß des Friedens von Hubertusburg. Preußen war nun endgültig europäische Großmacht.

Aus dem preußischen König Friedrich II., dem Großen, wurde nun im Volk der „Alte Fritz". Neben ihm stand in der Popularität ganz vorn sein Husarengeneral Hans Joachim von Zieten. Als Zieten am 27. März 1763 an der Spitze seines Regimentes in Berlin einritt, empfing ihn ein geradezu ungeheurer Jubel. Er gehörte zu den wenigen Waffengefährten des Königs, die von den großen Heerführern übriggeblieben waren, die von 1740 bis 1763 in den zahlreichen Feldzügen gekämpft hatten. Zietens Popularität widerspiegelte sich schon jetzt in zahlreichen Gedichten, Anekdoten, Erzählungen und Schwänken.

Eine preußische Husarenpatrouille auf Erkundung.

Der Lebensabend

Wenige Wochen nach der Rückkehr aus dem Krieg erbat sich Zieten von seinem König einen längeren Urlaub, um seine angegriffene Gesundheit wiederherzustellen, ja überhaupt erst einmal so etwas wie Erholung zu erleben. Er reiste im Juni nach Karlsbad, wo er sogar mit etlichen ehemaligen Kriegsgegnern aus der österreichischen Armee zusammentraf. Mit General Laudon entstand sogar eine echte Freundschaft. Aber bereits nach vier Wochen kehrte Zieten nach Berlin zurück und kümmerte sich wieder um seine dienstlichen Belange.

Nunmehr fand der General Gelegenheit, sich wieder intensiv mit seinem Gut Wustrau zu befassen, hier die landwirtschaftlichen Erträge zu steigern und den schon vor Jahren begonnenen Ausbau seines Herrenhauses endlich zu vollenden. Vom König wurde ihm nun Jahr für Jahr gestattet, sich für den Großteil des Sommers während der Zeit, in der sich sein Regiment auf „Grasung" befand, nach Wustrau zu begeben. Hier vermißte er allerdings ein intaktes Familienleben.

Bei einem Besuch im Winter 1760/61 von den Winterquartieren in Meißen aus, hatte er Hedwig Elisabeth Albertine v. Platen, eine damals 26jährige, kennengelernt, die er nun zu heiraten beabsichtigte. Am 4. April 1764 reichte der nun 65jährige Husarengeneral bei seinem König ein Heiratsgesuch ein, das der doch überraschte Friedrich II. auch genehmigte. Die Hochzeit wurde am 23. August 1764 bei der Schwester und dem Schwager seiner Braut, der Familie v. Blumenthal in der Priegnitz, gefeiert. Es wird berichtet, daß Zieten am zweiten Tag der Feier während eines Balles durch seine Eleganz bei Tanz alle Anwesenden beeindruckte. Der König, der ursprünglich zur Hochzeit seines Husarengenerals kommen wollte, aber dann nicht in Berlin weilte, übersandte der Braut einen Juwelenring im Wert von 1000 Talern.

„Mein lieber General von der Kavallerie von Zieten!

Ich ackordire Euch hiedurch mit vielem Vergnügen den von Euch in Eurem Schreiben vom 4. dieses gebetenen Konsens zu Eurer vorhabenden Heirath mit einem Fräulein von Platen und wünsche Euch zu Eurer Verbindung alles Glück und Vergnügen, so Ihr nur dazu wünschen und verlangen möget; wie ich denn, wenn ich wüßte, wo Ihr Euer Hochzeitsfest celebriren werdet, selbst dahin kommen würde, um auf selbigem zu tanzen. Ich bin Euer wohlaffectionirter König Friedrich."

Trotz des doch erheblichen Altersunterschiedes verstanden sich die Eheleute sehr gut. Bereits am 6. Oktober 1765 wurde die Familie durch die Geburt eines Sohnes vergrößert. Zieten empfand das als ein besonderes Glück, war doch sein Sohn aus erster Ehe (1743 geboren) im Alter von acht Jahren an den Blattern gestorben und nur seine Tochter geblieben. Friedrich der Große nahm dieses freudige Ereignis zum Anlaß, um persönlich an der Taufe teilzunehmen. Am 14. Oktober 1765 wurde vom zweiten Prediger an der Jerusalemer und Neuen Kirche in Berlin, Rolof, in der Wohnung Zietens in der Kochstraße Nr. 62 die Taufhandlung vorgenommen. Neben dem extra aus Potsdam angereisten König waren auch seine Gemahlin Elisabeth Christine sowie alle Prinzessinnen und Prinzen anwesend. Zietens Sohn erhielt die Namen Friedrich Christian Ludwig Emil. Als besondere Auszeichnung, die die Verbundenheit Friedrichs II. zu Zieten zeigt, überreichte der König das Patent für die Ernennung des neugeborenen Knaben als Kornett beim Husarenregiment seines Vaters. Im Patent war festgehalten, daß der Knabe vom Tage der Taufe an das volle Gehalt eines Kornetts erhielt. Aber Zieten wäre nicht Zieten, wenn er wirklich zu diesem Zeitpunkt seinem Sohn die Rechte eines Kornetts eingeräumt hätte. Der Sohn durfte das Offiziers-Portepee erst tragen, als er wirklich die Dienste eines Kornetts versehen konnte, nachdem er vorher vom 12 Lebensjahr an in der Königlichen Militärakademie entsprechend vorgebildet und erzogen worden war. Erst im Alter von 17 Jahren wurde er von seinem Vater auf Drängen von dessen Freunden zur Beförderung zum Seconde-Lieutenant vorgeschlagen.

Zieten lebte im Kreise seiner Familie förmlich auf. 1771 wurde er erneut Vater eines Sohnes. Leider verstarb der Knabe schon nach 50 Lebenstagen. Aber 1773 wurde ihm noch eine Tochter geboren. Seine Tochter aus erster Ehe heiratete einen Mann aus der Familie v. Wahlen-Jürgaß in der Grafschaft Ruppin. Die Monate, die Zieten jährlich nun in Wustrau verbrachte, genoß er. Zu seiner Frau soll er in seiner schlicht-frommen Art einmal geäußert haben: *„Wen der Herr lieb hat, dem gibt er so ein Weib wie Du mir bist.“* Wie in seinem Haus in der Berliner Kochstraße pflegte er auch in Wustrau die Geselligkeit und hatte oftmals Gäste. Er selbst hielt zwar aufgrund seiner Krankheit strenge Diät, war aber als Gastgeber sehr großzügig. Bis ins hohe Alter war er geistig rege.

Die Landwirtschaft auf seinem Gut entwickelte sich allmählich auch positiv. Zieten leitete persönlich Meliorationsarbeiten und erschloß neue Anbauflächen durch eine von ihm entwickelte Düngemethode. Den Bauern und Tagelöhnern verschaffte er manche Arbeit und war dadurch bei ihnen gut angesehen. Die Entwicklung des Wustrauer Gutes wurde auch vom König aufmerksam verfolgt und unterstützt. So teilte er Zieten für die Durchführung von Vermessungsarbeiten einige Feldjäger zu, machte ihm ein Geldgeschenk von 10.000 Talern, als er vom Verlust des Viehs durch eine Seuche erfuhr, und gab ihm eine Jagd in Erbpacht. Unterstützung erhielt Zieten bei der Verwaltung seines Gutes durch den Rittmeister Kühn, einem Verwandten seiner Frau.

Aber noch war Zieten vor allem General, hatte also auch zahlreiche militärische Tätigkeiten zu verrichten. Eine unangenehme Aufgabe bekam er im Oktober 1763 von seinem König übertragen, als er als Präsident eines Kriegsgerichtes eingesetzt wurde. Er hatte den Vize-Kommandanten d'O wegen der Übergabe der Festung Glatz 1760 und den Kommandanten der Festung Schweidnitz, Generalmajor v. Zastrow, sowie den Platzmajor v. Lölhöffl wegen der Übergabe 1761 abzuurteilen. Da die Schuld der Angeklagten bewiesen werden konnte, wurden schwere Strafen verhängt, d'O sogar zum Tode verurteilt.

Als General der Kavallerie und Regimentschef widmete sich Zieten auch den Pflichten der Übung und Ausbildung seiner Husaren, obgleich er ja nur noch nominell das Regiment führte. Bei den Revuen im Frühjahr und Herbst führte er das Regiment meist selbst dem König vor, auch wenn ihm Friedrich dabei mahnte, sich lieber zu schonen und die Anstrengungen der Felddienstübungen jüngeren Offizieren zu überlassen. Im Oktober 1767 fand eine besonders prächtige Revue aus Anlaß der Vermählung des Erbstatthalters der Niederlande mit der Prinzessin Wilhelmine von Preußen statt, an der neben dem König, die Prinzen Heinrich und Ferdinand sowie der Prinz von Oranien und zahlreiche ausländische Offiziere teilnahmen. Neben sieben Regimentern Infanterie, fünf Schwadronen Gens d'armes und drei Schwadronen Kürassieren nahmen daran fünf Schwadronen Zieten-Husaren unter Führung ihres Regimentschefs teil.

***

Anekdote zum Manöver 1772

Als Zieten bei diesem Manöver den Säbel zog, um das Kommando zu führen, soll sich der König mit folgenden Worten an ihn gewandt haben: *„Was soll das? Auf einem Exerzierplatz einen so kleinen Trupp Kavallerie zu führen, ist für Ihn zu klein. Stecke Er seinen Säbel ja wieder ein. Ein Degen, der dem Vaterlande so viel Dienste geleistet hat wie der Seinige, muß nur auf dem Schlachtfelde gezogen werden. Ich nehme die einzige Gelegenheit aus, wo Er mir die Freude macht, das Regiment, welches die Ehre hat, Seinen Namen zu tragen, bei der Revue vorzuführen." „Komm er zu Mir"*, habe der König seine Rede beschlossen und sich dann an den General v. Krusemarck gewandt: *„Krusemarck, kommandiere Er!"*
Als aber seine Husaren dann im Verlaufe des Manövers eine Attacke ritten, hielt es ihn nicht mehr an der Seite des Königs und er galloppierte an die Spitze seiner Reiter. Als der König dann beim Appell zu Zieten kam, sagte er: *„Mein Gott, Zieten, da hat Ihn der Teufel auch hinführen müssen."* Zieten antwortete: *„Ja, Euer Majestät, meine Husaren kann ich doch unmöglich im Stich lassen; ich muß ihnen doch zeigen, daß ich alter Kerl auch noch reiten kann."* Darauf sei der König an das Husarenregiment herangeritten und habe den Reitern zugerufen: *„Leute, wenn Ihr jemals vergessen könnt, daß der Mann Euer Chef gewesen ist, so seid Ihr nicht wert, daß Euch die Erde trägt."*

Husarenschnelligkeit

1775 nahm Zieten als 76jähriger Greis erneut am Manöver teil. Diesmal versuchte der General v. Wiersbitzky Zieten vom Kommando über seine Husaren abzuhalten, weil er es diesem körperlich nicht mehr zutraute bzw. seiner Meinung nach die Stimme für die Kommandosprache nicht mehr kräftig genug sei. Wiersbitzky durfte nicht einmal hinter Zieten reiten. Deshalb befahl dieser Zietens Adjutanten, mit der Husarenmütze zu winken, wenn Zieten nach der Attacke *„Halt! Richtet Euch!“* kommandieren würde. Zieten bemerkte dieses Gespräch und zwang seinen Adjutanten ihm den Inhalt mitzuteilen. Darauf sagte er: *„Das Winken ist bei uns nicht Mode. Laß Du das nur bleiben! Sie werden wohl sehen können, wenn ich den Säbel sinken lasse und mein Pferd herumwerfe.“* In den Manövern bewies dann der alte Husarengeneral seine nach wie vor vorhandene Gewandtheit und führte alle Bewegungen mit seinem Regiment schnell und exakt aus.

***

Als Friedrich II. 1778 noch einmal im Bayrischen Erbfolgekrieg ins Feld rückte, gehörte Zieten trotz seiner mittlerweile 79 Jahre zu den Offizieren, die den König um eine Teilnahme ersuchten. Aber der König lehnte ab und schrieb ihm am 28. März 1778, daß es ihm leid tue, ihn zurücklassen zu müssen, *„aber man kann nicht über seine Kräfte gehen“*. – *„Ich werde mir wohl jetzt eine Regiment von Weibern halten müssen“*, soll darauf Zieten mißmutig reagiert haben.

Im Krieg von 1778/79 kam es nicht im eigentlichen Sinne zu Schlachten. Vielmehr gab es nur einige kleine Gefechte und Scharmützel. Friedrich II. stellte in Auswertung des Feldzuges dann fest, daß ein Großteil seiner Truppen nicht mehr voll kriegstauglich sei. Seiner Meinung nach befanden sich unter den Offizieren nunmehr zu viele *„junge Windbeutel“*, die der strengen Dienstdurchführung und Übung ein bequemes Militärleben vorzogen. Er ordnete daher an, daß in Zukunft mehr altgediente Wachtmeister zu Offizieren befördert werden sollten. So schlug Zieten dem König auch eine ganze Reihe Wachtmeister seines Regiments vor.

***

Im Volk genoß „Vater Zieten“ eine ungebrochene Popularität. Die zahlreich kursierenden Kupferstiche mit seinem Porträt fanden einen geradezu reißenden Absatz. Selbst ein Tabaksfabrikant nutzte das Porträt zur Erhöhung seines Absatzes, indem er einen „Zieten-Kanaster“ auf den Markt brachte, der ein Porträt des Husarengenerals auf dem Päckchen zeigte.

***

Friedrich der Große und der 85jährige Zieten im Parolesaal des Schlosses. „Setz' Er sich nur, mein alter Zieten, setz' er sich, sonst geh' ich weg, denn ich will Ihm durchaus nicht zur Last fallen" (colorierte Zeichnung von Carl Röchling).

Auch mit dem König stand sich der alte General bis zu seinem Ende gut. Bezeichnend ist wohl hier die Szene während einer Tafel im Schloß von Sanssouci, als Friedrich die Spötter zum Schweigen brachte, die sich über Zieten lustig machen wollten, als dieser bei Tisch eingenickt war. *„Laßt schlafen mir den Alten"*, so soll der König gesagt haben, *„er hat oft genug für uns gewacht"*. Als Kupferstich fand die Szene eine weite Verbreitung.

Am bekanntesten dürfte wohl eine vom Kupferstecher Chodowiecki verewigte Szene geworden sein, die sich im Königlichen Schloß zu Potsdam gut ein Jahr vor Zietens Tod abspielte. Am 25. Dezember 1784 war Zieten zur Paroleausgabe im Schloß erschienen. Durch das Ersteigen der vielen Treppenstufen vom Schloßhofe nach dem im ersten Stock des südlichen Schloßflügels gelegenen Parolezimmer ein wenig ermüdet, hatte sich Zieten im Vorzimmer einen Augenblick gesetzt und war hier vom Prinzen von Preußen und vom Prinzen Ferdinand herzlich begrüßt worden. Als dann der König im Parolezimmer erschien, begab sich Zieten dorthin und stellte sich mit seinem Sohn und seinen beiden Generaladjutanten unter den anderen Generalen auf. Der König, der eben den Generalen Möllendorff, Braun und Prittwitz seine Befehle erteilte, bemerkte ihn nicht gleich. Sobald er ihn aber sah, eilte er auf ihn zu, umarmte ihn und erkundigte sich nach seinem Befinden. *„Meine Gesundheit ist gut“*, erwiderte Zieten, *„auch schmeckt mir das Essen, aber ich fühle die Abnahme meiner Kräfte.“ „Das erste höre ich gern“*, antwortete der König, *„aber das Stehen muß Ihm sauer werden.“* Sodann befahl der König seinem Adjutanten einen Lehnstuhl zu bringen und ruhte nicht eher, als bis Zieten sich setzte. *„Setze Er Sich nur, mein lieber alter Zieten, setz' Er sich, sonst geh' ich weg; denn ich will Ihm durchaus nicht zur Last fallen.“* Nachdem er noch eine Weile mit ihm geplaudert hatte, verabschiedete er sich mit den Worten: *„Leb' Er wohl Zieten! Nehm' Er sich ja in Acht sich zu erkälten, erhalte Er Sein Leben, so lange es Sein Alter zuläßt, damit ich noch oft das Vergnügen habe Ihn wiederzusehen.“*

Die letzte Revue

Als Zieten im Alter von 85 Jahren sich noch einmal an die Spitze seines Regimentes während einer Revue stellen wollte, ritt der König an ihn heran und sagte: *„Ihr wißt wohl, daß ich Euch mit vielem Vergnügen hier sehe; aber warum gebt Ihr Euch die Mühe selbst hierher an der Spitze Eures Regiments zu kommen?“ – „Majestät“*, antwortete Zieten, *„das ist meine Pflicht.“* Darauf Friedrich II.: *„Eure Pflicht! Ihr habt sie reichlich auf dem Felde der Ehre erfüllt. Ein Manöver ist keine Pflicht für einen Mann, der dem Staate so teuer ist. Wenn man zu Eurem Alter gelangt ist, hat man nur noch die Pflicht, sich zu erhalten zum Beispiel der Nacheiferung und Ehrfurcht für die Armee. Überlaßt das andere den jungen Leuten.“*

***

Zieten besaß aber nicht nur die Achtung seines Monarchen, vielmehr auch die ausländischer Fürsten und Militärs. Viele suchten ihn bei ihren Besuchen in Berlin sogar persönlich auf. Die Kaiserin Katharina von Rußland und die Königin von Schweden baten ihn sogar um ein Bildnis. Prinz Heinrich von Preußen und die schwedische Königin schenkten ihm Porträts von sich. Diese Bilder hingen bis in unser Jahrhundert im Wustrauer Herrenhaus.

***

Besondere Verehrung genoß Zieten natürlich durch sein Regiment. Viele Offiziere schenkten ihm ein Bild von sich. Allein 16 Bildnisse von Rittmeistern seines Regiments hingen im Speisesaal des Wustrauer Schlosses. Zu seinem 85. Geburtstag ließ ihm das Offizierkorps 1784 vom Maler Johann Wilhelm Meil eine allegorische Zeichnung anfertigen. Dieses Bild zeigte in der Mitte in einem Eichenhain eine Pyramide, auf der das Bildnis Zietens im Relief zu sehen war. Vor der Pyramide steht die Tugend im kriegerischen Schmuck, die dem Husarengeneral einen Lorbeerkranz überreicht. Von diesem Bild entstand dann auch ein Kupferstich, der weite Verbreitung fand.

Altersbildnis Hans Joachims v. Zieten.

Neben derartigen Ehrungen wurde Zieten entsprechend dem damaligen Zeitgeschmack auch durch Oden, Gedichte, ja sogar durch eine Kantate „Der König und Zieten“ – aufgeführt am 24. Januar 1785 in Halberstadt – geehrt.

Zieten selbst nahm seine Popularität und die ihm entgegengebrachte Vereehrung sehr gelassen hin. Seine bescheidene und chrictliche Art ließ ihn nie die „Bodenhaftung“ verlieren. Sicherlich freute er sich an seiner Beliebtheit, zog daraus aber niemals irgendeinen Vorteil. Gerade in seinen letzten Lebensjahren genoß er, der so viele Jahre fern von Wustrau seinem König auf dem Schlachtfeld diente, nun ein intaktes Familienleben. Seine geistige Frische behielt der alte Haudegen bis zuletzt, nur sein durch Krankheit gezeichneter Körper wurde immer schwächer. Wie der Bildhauer Johann Gottfried Schadow feststellte, war sein Körper in den letzten Lebensjahren so stark verkrümmt, daß es fast ein Drittel seiner ursprünglichen Körperlänge ausmachte. Dies hinderte aber Zieten nicht, bis wenige Monate vor seinem Tod zu reiten.

„Ich bin bereit“

Bei seiner letzten Abreise von Wustrau nach Berlin äußerte er gegenüber seinem Seelsorger: *„Ich bin bereit; ich bin fertig, wenn Gott will.“* Trotz seines hohen Alters dachte niemand in seiner Umgebung an seinen Tod. Wenige Tage vor seinem Dahinscheiden besuchte ihn noch der Prinz von Preußen und fand ihn wohlauf. Am 26. Januar 1786 fuhr Zieten nachmittags mit seiner Frau in Berlin spazieren. Er äußerte dabei seiner Frau gegenüber, am nächsten Tag wieder nach Wustrau fahren zu wollen, um von dort aus zu einem Herrn v. Blumenthal nach Vehlow zu fahren, für dessen neugeborenen Sohn er die Patenschaft übernehmen sollte. In seiner Wohnung in der Kochstraße war er am Abend ganz gelöst und heiter im Kreis der Familie. Beim Abendessen klagte er kurz über ein plötzliches Unwohlsein, beruhigte aber seine besorgte Umgebung. Am frühen Morgen des folgenden Tages erwachte er wegen Unwohlsein und rief seinen Kammerdiener Wagner, in dessen Armen er gegen 6.00 Uhr friedlich und ohne langes Leiden verschied.

Die Nachricht vom Tode des alten Husarengenerals verbreitete sich wie ein Lauffeuer. Zahlreiche Menschen waren tief betroffen. Wie damals üblich, informierte die Familie den König über das traurige Ereignis in Form einer Anzeige noch am Sterbetag. Zietens Frau schrieb:

„Allerdurchlauchtigster etc.
Ew. Königl. Majestät muß ich leider mit betrübtem Herzen den heute früh 6 Uhr erfolgten Tod meines Mannes, E.K.M. treugewesenen General der Kavallerie von Zieten alleruntertänigst melden; ich bin zu sehr gebeugt, als daß ich jetzt im Stande wäre das mich betroffene Unglück zu schildern, ich werfe mich und das Schicksal meiner Kinder lediglich in E.K.M. Huld und Gnade und ersterbe ...“

Zietens Sohn Christian Ludwig schrieb ebenfalls am 27. Januar 1786 an den König:

„Allerdurchlauchtigster etc.
E.K.M. melde ich alleruntertänigst, daß mein Vater heute morgen um sechs Uhr verstorben ist. Mein Verlust ist unersetzlich, und der einzige Trost in meinem Unglücke ist die Erinnerung an die huldreiche Gnade, womit E.K.M. meinen verstorbenen Vater zu beglücken geruht. Lassen E.K.M. doch einen Teil derselben auf mich allergnädigst zurückfallen; ich werde meine ganze Lebenszeit auf der von meinem Vater mir vorgezeichneten Bahn in E.K.M. glorreichen Dienst mit allem Fleiß und der unverbrüchlichsten Treue meine Schuldigkeit jederzeit zu erfüllen trachten und in der tiefsten Devotion ersterben ...“

Der König antwortete Zietens Fau
am 28. Januar:

„Besonders Liebe. Meine Gesinnungen gegen Euren nunmehr verblaßten Mann, den würdigen General von Zieten, sind Euch zu bekannt, um viele Worte nötig zu haben, Euch zu versichern, wie sehr Mir sein Tod, obgleich in einem hohen Alter, nahe gegangen ist. Jeder, der vorzügliche Verdienste zu schätzen weiß, wird davon überzeugt sein, und Mir bleibt nichts übrig, als Euch, seinem Sohn, dem Lieutenant, und übrigen Kindern

das besonders gnädige Beileid zu erkennen und zu geben, welches ich an diesem schweren Trauerfall genommen habe. Ich wünsche, daß solches zu Eurer und ihrer Aufrichtung beitragen möge, und füge demselben noch die Versicherung hinzu, daß Ich immerdar sein werde.

Euer und Ihr gnädiger König
Friedrich.“

Wie damals üblich, wurde die Leiche des allseits beliebten Husarengenerals in Paradeuniform gekleidet mehrere Tage öffentlich aufgebahrt und der Bevölkerung die Möglichkeit gegeben, von dem Toten Abschied zu nehmen. Am Abend des 30. Januar 1786 wurde der Leichnam dann unter dem Geleit eines Husarenkommandos von seinem Regiment nach Wustrau überführt und am nächsten Tag in der Familiengruft neben der Kirche von Wustrau beigesetzt. Bei diesem letzten Dienst waren nur der Sohn Zietens und der Rittmeister v. Velten anwesend. Die Leichenrede in der Kirche hatte der Prediger Dracke gehalten.

Da Zieten Zeit seines Lebens keine Reichtümer angehäuft hatte und das Gut Wustrau bei seinem Tode immer noch nicht schuldenfrei war, mußte die Familie die Berliner Wohnung rasch aufgeben. Schon bald nach seinem Tod versteigerte die Familie den Hausrat der Berliner Wohnung. Außerdem übersandte der König am 19. Mai 1786 der Witwe 10.000 Taler. Die Erbteilung fand dann im Juli statt und ermöglichte den Nachkommen den Erhalt des Stammgutes.

Die Platte auf dem Grab des Generals von Zieten auf dem Kirchhof in Wustrau (vor ihrer inzwischen erfolgten Restaurierung).

Grab und Denkmäler

Zietens Grab neben der Wustrauer Kirche ist nur von einer einfachen Sandsteinplatte bedeckt, auf der einige Waffen und ein Fasces-Bündel (Rutenbündel) als Symbol der Feldherrnwürde eingearbeitet sowie sein Name und die von ihm innegehabten Posten eingemeißelt sind. Das eigentliche Denkmal für den berühmtesten Sohn Wustraus befindet sich in der Dorfkirche: ein künstlerisch gestalteter Epitaph.

oben links:
Blick in die Wustrauer „Zieten-Kirche“

unten links und rechte Seite:
Der Zieten-Epitaph.

Den Entwurf und die Zeichnung fertigte auf Veranlassung von Zietens Familie der Berliner Maler Bernhard Rohde. Die Ausführung erfolgte durch den Bildhauer Meyer. Auf einer etwa 1,60 Meter über dem Fußboden aus der Mauer vorspringenden Konsole erhebt sich eine Urne aus grauem schlesischen Marmor mit einem halb erhaben gearbeiteten Kopfbildnis Zietens aus Carrara-Marmor. Darunter steht der Name „H. J. von Zieten". Von der Mitte der Urne fallen nach beiden Seiten Lorbeergewinde herab. Das viereckige Fußgestell ist von Eichenblättern umwunden. Hinter der Urne erhebt sich eine abgestumpfte Pyramide, auf deren rechter Seite steht die durch eine halbverschleierte Frauengestalt allegorisch angedeutete Religion, der ein Genius die Bibel reicht, die sie mit der Rechten ergreift. In der linken Hand hält sie einen Sternenkranz, das Sinnbild der Unsterblichkeit. Auf der linken Seite der Pyramide steht wiederum eine Frauengestalt, die diesmal die Tapferkeit repräsentiert. Auf einer Löwenhaut sitzend, wendet sie trauernd das Haupt zur Urne. Die Spitze des Schwertes ist zur Erde gerichtet, in der rechten Hand hält die Gestalt einen Lorbeerkranz. Auf dem Schild sind der Feldzug am Rhein und die Daten der ersten und letzten Schlachten der beiden Schlesischen und des Siebenjährigen Krieges eingemeißelt, um damit anzudeuten, daß Zieten jeden dieser Kriege von Anfang bis zum Ende mitgemacht hat. Am Fuße des Denkmals liegen ein Hirtenstab, eine Pflugschar und ein Büschel reifer Weizenähren, die Zietens Freude am Landleben repräsentieren sollen. Am Fußgestell befindet sich auf einer Tafel aus schwarzem Marmor mit goldenen Schriftzeichen der Vers:

„Mit Friedrich lebt Er
im Jahrbuch der Geschichte:
bewundert als Held, geliebt als
Mensch und Christ.
Glücklich waren durch ihn,
die weinend dies Denkmal ihm setzten:
Gattin und Kinder."

Historische Aufnahme der Zieten-Grabstätte in Wustrau.

Das Zietendenkmal in Berlin

Der Nachfolger Friedrichs des Großen, König Friedrich Wilhelm II., beauftragte den Bildhauer Johann Gottfried Schadow 1792 mit der Anfertigung eines Marmordenkmals des berühmten Husarengenerals. Am 27. Februar 1794 wurde das Denkmal auf der Ostseite des Wilhelmsplatzes (später Zietenplatz), direkt gegenüber dem Beginn der Mohrenstraße, der Öffentlichkeit übergeben. Der General stand auf einem fast zwei Meter hohen viereckigen Postament. Er lehnt in seiner Husarenuniform mit dem Schwarzen-Adler-Orden auf der Brust und die mächtige Husarenmütze tief in die Stirn gedrückt in nachdenklicher Haltung an einem Baumstamm. Die Linke ruht auf dem Säbelgriff, mit der Rechten stützt er das Kinn, das rechte Bein ist lässig über das linke geschlagen. Damit ist Schadow die Darstellung des Volkstümlichen in der Gestalt des alten „Zieten aus dem Busch“ hervorragend gelungen.

Die Inschrift auf der Vorderseite des Postaments lautete:

„Hans Joachim von Zieten,
General der Kavallerie,
diente von 1714 bis 1786
unter
Friedrich Wilhelm I. und Friedrich II.
Ihm errichtet
von
Friedrich Wilhelm II.“

Drei Reliefs schmückten die anderen Seiten. Rechts: *„Zieten und vier sächsische Regimenter. Katholisch-Hennersdorf, den 23. November 1745“*, links: *„Zieten auf den Siptitzer Höhen. Torgau, den 3. November 1760“*, auf der Rückseite: *„Zieten und sein Lehrer Baronay. Rothschloß, den 17. Mai 1741“*.

1857 wurde vom Bildhauer Kiß eine Kopie in Bronze angefertigt und das Original im Museum aufbewahrt. Am 14. Mai 1999 ist aus Anlaß des 300. Geburtstages von Hans Joachim von Zieten eine Kopie des Berliner Bronzedenkmals in Wustrau zwischen Zieten-Kirche und zukünftigem Brandenburger Preußenmuseum aufgestellt worden.

Ein weiteres von Bernhard Rohde geschaffenes Denkmal befand sich in der Berliner Garnisonkirche.

Auch auf der Pyramide im Park von Schloß Rheinsberg, die Prinz Heinrich von Preußen den bedeutendsten Heerführern des Siebenjährigen Krieges gewidmet hat, ist Zieten an hervorragender Stelle gedacht.

Das Denkmal auf dem Wilhelmplatz.

Das Schadowsche Original.

Das Zieten-Schloß gestern und heute

Im heute von der Deutschen Richterakademie genutzten Zieten-Schloß in Wustrau befanden sich um die Jahrhundertwende zahlreiche Porträts der Offiziere des Zietenschen Husarenregiments, dazu zwölf verschiedene Porträts von Zieten selbst, davon eines aus seiner Jugendzeit, eines, das ihn als Schwadronschef zu Pferd darstellte, die anderen zeigten ihn als General. Auch der Säbel, den er im Siebenjährigen Krieg trug, gehörte zur vom Grafen von Zieten-Schwerin zusammengetragenen Sammlung. Der Graf hatte zudem auf dem Friedhof zwei Ehrentafeln errichten lassen. Auf der einen wird daran erinnert, daß am 23. April 1851 die Blücher-Husaren und auf der anderen, daß am 21. August 1863 Zietens eigenes Regiment hier dem großen Husarengeneral ihre Reverenz erwiesen.

Zieten-Husaren

Nachrichtenblatt

Herausgegeben vom Traditionsverband des ehem.
Husaren-Regiments von Zieten (Brandbg.) Nr. 3

Postscheckkonto: Berlin 3336.

Verantwortlich für den Inhalt:
Traditionsverbandsführer O. Bull, Steglitz, Düntherstr. 3

Auflage: 1600 Stück

Nr. 54 Berlin, Dezember 1938 13. Jahrg.

„An einem strahlenden Sonnenmorgen versammeln sich am Sonntag, dem 24. Juli 1938, die Kameradschaft ehem. Zieten-Husaren Neukölln, um ihren Husarenvater in Wustrau zu besuchen und zu ehren. Punkt 7.30 Uhr Abfahrt des bestellten, neuzeitlich ausgestatteten Personenwagens mit rund 40 Kameraden und Kameradinnen. In flotter Fahrt ging es in den frischen Morgen hinein über Oranienburg – Löwenberg, und dann standen wir auf dem für jeden Zieten-Husaren geheiligten Boden von Wustrau.

Hier, unter den alten, schattenspendenden Linden des Gasthofes Frühstückspause und Anfeuchtung der trockenen Kehlen. Da von 10 bis 11 Uhr Kirchzeit war, fanden etliche Kameraden – im Sinne des frommen Zieten – Zeit, den Gottesdienst zu besuchen und in der historischen alten Kirche am Schluß desselben einige Worte mit dem Pastor zu wechseln, der im Anschluß an seine Predigt (Text: Matth. 21,28) noch sagt: 'Der alte Zieten, das war auch so einer, der, wenn er ja sagte, auch dabei blieb und danach handelte.' – Der Pfarrer zeigte dann noch das im Innern der Kirche befindliche Denkmal mit dem Kopf Zietens in carrarischem Marmor und der Inschrift.

Um 11 Uhr ging es zur Schloßbesichtigung. An der Südspitze des Ruppiner Sees erhebt sich der einstöckige weiße Bau inmitten eines alten schönen Parkes; wie der Zieten-Biograph Dr. Winter schreibt: 'Anspruchslos und ohne architektonischen Zierrat, aber festgefügt und solid in seinem Äußeren wie in seiner inneren Einrichtung ist es gleichsam ein Symbol jener ehrenhaften und kernigen, einfachen und charakterstarken Sinnesart, welche das Geschlecht auszeichnet, welches von Alters her hier seinen Wohnsitz aufgeschlagen hat.'

Der Schloßkastellan empfing und führte uns erklärend durch die Zimmer. Hier, in diesen stillen, mit alten Tapeten und Möbeln im Rokokostil ausgestatteten Räumen, schlug das Herz

Das Portal des „Zieten-Schlosses" in Wustrau vor und nach der Rekonstruktion.

Blick in den ehemaligen Hauptsaal des Zieten-Schlosses in den 30iger Jahren.

ehrfurchtsvoll beim Anblick der vielen Gegenstände, Bilder und Andenken an unseren berühmten Regimentschef. Nur in halblautem Gespräch ging es von Zimmer zu Zimmer; in dieser Atmosphäre der Vergangenheit glaubte man beim Betreten eines neuen Raumes immer, den Alten irgendwo sitzen zu sehen.

Um nur einiges Wenige herauszugreifen: Da hängen an der Wand des Hauptsaales die gut erhaltenen Ölbilder, die Zieten darstellen als Leutnant der Wuthenowschen Dragoner, als Kommandeur unseres Regiments und als General der Kavallerie. Die ganze Längsseite des Saales nehmen ein die Bildnisse der Offiziere des Regiments in Paradeuniform vom Rittmeister aufwärts, zumeist Ungarn, verwegene, schnurrbärtige Gesichter; unter ihnen auch der Eisenfresser Samogy, der so trefflich in dem historischen Roman Höckers „Zieten-Husaren" geschildert wird. Zwei große, wundervoll geformte Alabastervasen schmücken den Raum. Unter hoher Glasglocke steht das Modell des Zieten-Denkmals auf dem Wilhelmplatz zu Berlin (die Hand nachdenklich am Kinn, worauf der Berliner den Witz erfand: Soll ick mir nu heute rasieren oder erst morjen?). – Bemerkenswert auch der in einer Ecke stehende Spieltisch mit elegant geschweiften Beinen, auf dessen Platte in feiner Intarsien-Arbeit die Felder und Pfeile zum Schach- und Puffspiel eingelassen sind; in der anderen Ecke ein Spinett, auf dem gewiß die jugendliche Frau Zietens, geborene Albertine von Platen, Haydensche Weisen hat erklingen lassen.

Über allem schweben prächtige Glaskronleuchter mit Kerzen; im letzten Zimmer eine antike Waffensammlung, die Stücke enthält, die nicht einmal das Berliner Zeughaus aufzuweisen hat. – Am Ende der Besichtigung nahmen unsere Trompeter unter der altbewährten Leitung des Kameraden Schote vor der Schloßterrasse Aufstellung zu einem Ständchen. Sie spielten der historischen Stätte angepaßte Stücke. – Nach einer Führung durch den mit mächtigen Baumriesen bestandenen Park, die sicher schon auf den lustwandelnden Zieten hinabgeblickt hatten, marschierten wir geschlossen mit dem Trompeterkorps an der Spitze, den alten Schloßkaplan mit einreihend, unter den Klängen des „Torgauer" zur Grabstätte des Husarenvaters.

Am Kirchhof schwieg die Musik, und während das zahlreich angesammelte Publikum respektvoll halten blieb, wurde am Grabe aufmarschiert. Kameradschaftsführer Franz Schulze stieg auf den Sockel der Grabstätte und hielt eine kurze, kernige Ansprache, die darin gipfelte, daß, solange Zieten-Husaren leben, das Andenken an ihren vorbildlichen Chef nie vergessen werden wird. Darauf legte er im Namen der Kameradschaft ehem. Zieten-Husaren Neukölln einen Kranz mit Schleifen in den Zietenfarben Rot-Weiß auf dem Grabstein nieder..."

(Ein Zieten-Ausflug nach Wustrau 1938, nach: E. Sander, Zieten-Husaren, Nachrichtenblatt, 1938, S. 1328 ff.)

Das Husarenregiment von Zieten (Brandenburgisches) Nr. 3 Formations- und Standartengeschichte

Formationsgeschichte

Mit Allerhöchster Kabinettsordre (AKO) vom 23. September 1886 wurde der Stiftungstag des Regiments auf den 30. September 1730 festgelegt. Diese AKO bestimmte die Kontinuation mit dem 1806 aufgelösten Husaren-Regiment v. Rudorff (Nr. 2).

Dieses Husarenregiment v. Rudorff wurde aus der vom Markgrafen von Bayreuth geschenkten Husareneskorte, Angeworbenen aus Ungarn und kleinen Leuten der Infanterieregimenter als Leibhusarenkompanie errichtet. Von 1731 bis 1732 Errichtung einer zweiten und dritten Kompanie und 1735 Vermehrung auf drei Eskadrons. Am 24. Juli 1741 Vereinigung mit drei Eskadrons des preußischen Husarenkorps Bronikowski zu einem Regiment. Am 24. September 1741 Vermehrung auf zehn Eskadrons zu zwei Bataillonen.

Das Regiment kapitulierte am 7. November 1806 bei Ratkau und ein Detachement von 40 Mann am 22. November in Hameln. Das Depot und viele Ranzionierte des Regiments schlugen sich nach Ostpreußen durch und bildeten dort bald wieder drei schwache Eskadrons. Aus diesen drei Eskadrons, Resten des 1806 aufgelösten Husarenbataillons Bila (Nr. 11) und einigen Mannschaften des Berliner Husarenkommandos wurde am 16. Oktopber 1807 die Husarenbrigade Rudorff zu vier Eskadronen gebildet. Am 7. September 1808 wurden daraus die Husaren Nr. 3, das 1. Brandenburgische Husarenregiment.

Zum 7. März 1815 erfolgte die Abgabe der 2. Eskadron zur Bildung der 2. Eskadron des 8. Husarenregiments – ab 17. November 1894: Husarenregiment Kaiser Nikolaus II. von Rußland (1. Westfälisches) Nr. 8. Am 7. Mai 1860 mußte das Regiment die neu gebildete 2. Eskadron zur Bildung der 2. Eskadron des 2. kombinierten Dragonerregiments (ab 7. Mai 1861 Magdeburgisches Dragoneregiment Nr. 6) abgeben. Am 27. September 1866 wiederum Abgabe der neugebildeten 2. Eskadron, diesmal zur Bildung der 2. Eskadron des Dragonerregiments Nr. 12 (ab 27. Januar 1889 Dragonerregiment v. Arnim – 2. Brandenburgisches) Nr. 12. Zum 1. Oktober 1908 wurde die 4. Eskadron zur Bildung der 5. Eskadron Jägerregiment zu Pferde Nr. 5 (Mühlhausen i.E.) abgegeben und zum 1. Oktober 1913 die 2. Eskadron zur Bildung der 2. Eskadron Jägeregiment zu Pferde Nr. 7 (Trier).

Zieten-Husar von 1806.

Regimentsbezeichnungen 1730 – 1918

30. September 1730	Leib-Husaren-Kompanie
1730 - 1736	Berlinisches oder Beneckendorffsches Husarenkorps
1. Juni 1736 - 1741	Königliches Leibkorps Husaren
25. Juli 1741 - 1786	Husaren-Regiment von Zieten (Nr. 2)
1. März 1786 - 1794	Husaren-Regiment von Eben (Nr. 2)
29. Dezember 1794 - 1805	Husaren-Regiment von Goeckingk (Nr. 2)
19. Oktober 1805 - 1806	Husaren-Regiment von Rudorff (Nr. 2)
16. Oktober 1807 - 1808	Husaren-Brigade Rudorff
7. September 1808 - 1809	Husaren Nr. 3, 1. Brandenburgisches Husaren-Regiment
31. Mai 1809 - 1816	Brandenburgisches Husaren-Regiment
5. November 1816 - 1823	3. Husaren-Regiment (Brandenburgisches)
10. März 1823 - 1860	3. Husaren-Regiment
4. Juli 1860 - 1861	Brandenburgisches Husaren-Regiment (Nr.3)
3. November 1861 - 1889	Brandenburgisches Husaren-Regiment (Zietensche Husaren) Nr. 3
27. Janaur 1889 - 1918	Husaren-Regiment von Zieten (Brandenburgisches) Nr. 3

1791.
Königl: Preuss: Husaren-Regiment v. Eben und Brunnen.
No 2.
Garnison: Berlin.

Standartengeschichte

Es ist wahrscheinlich, daß das Leibkorps Husaren bereits von 1736 bis 1741 eine Fahne führte, die in der Form und den Farben der späteren Leibfahne von 1741 bis 1743 glich. Das Grundtuch war weiße Seide mit rotem Zackenrand. Das Mittelfeld war blau mit weißem Spruchband. Die Malerei der Palmenzweige, Sonne, Kronen, Flammen, Ecknamenszüge und der Inschrift des Spruchbandes waren golden. Die Edelsteine der Kronen sowie der Reichsapfel auf den Kronen waren hellblau. Letztere mit goldenem Kreuz und Reif. Innenfutter der Kronen rot. Adler schwarz mit goldener Krone, Fängen und Schnabel, Zunge rot. Fahnenstange weiß mit roter Kannelierung. Tresse und Nägel golden, ebenso die Fahnenspitze. Banderole schwarz-silber.

Bei der gewöhnlichen Fahne von 1741 bis 1743 war lediglich als Unterschied das Grundtuch blau mit rotem Zackenrand, Mittelfeld weiß mit blauem Spruchband und die Fahnenstange blau mit roter Kannelierung.

Muster für die Leibfahnen und die gewöhnlichen Fahnen des Husaren-Regiments von Zieten (Nr. 2).

Diese Fahnen wurden lt. AKO vom 1. 12. 1743 nicht mehr mit ins Feld genommen und gingen scheinbar 1806 in Spandau verloren.

Mit AKO vom 28. 9. 1814 und 15. 6. 1815 erhielt das Regiment eine neue Standarte, die am 26. 10. 1815 zu La Boissiére bei Montdidier geweiht wurde.

Die Farben waren wie folgt: Grundtuch schwarz. Fransen und Tressen silbern. Mittelfeld orange. Spruchband hellblau mit goldener Umrandung und goldener Inschrift „PRO GLORIA ET PATRIA". Adler schwarz mit goldener Krone, Fängen, Schnabel, Donnerkeil und Schwertgriff. Schwertklinge silbern; Zunge rot. Eckkeile schwarz wie mit roten Früchten. Tressen in den Ecken (Eckkeile darstellend) silbern. Bandschleifen der Zweige golden. Kronen über dem Mittelfeld um den Ecknamenszügen golden mit silbernen Edelsteinen. Edelsteine am Stirnreif der Mittelfeldkrone abwechselnd von links nach rechts rot-hellblau-rot-hellblau-rot. Innenfutter der Kronen golden. Reichsapfel auf den Kronen hellblau mit goldenem Kreuz, Reif und Einfassung.

An Stelle der am 30. 8. 1890 durch einen Bruch gebrauchsunfähig gewordenen Standarte, erhielt das Regiment am 18. 4. 1891 in Berlin eine neue Standarte.

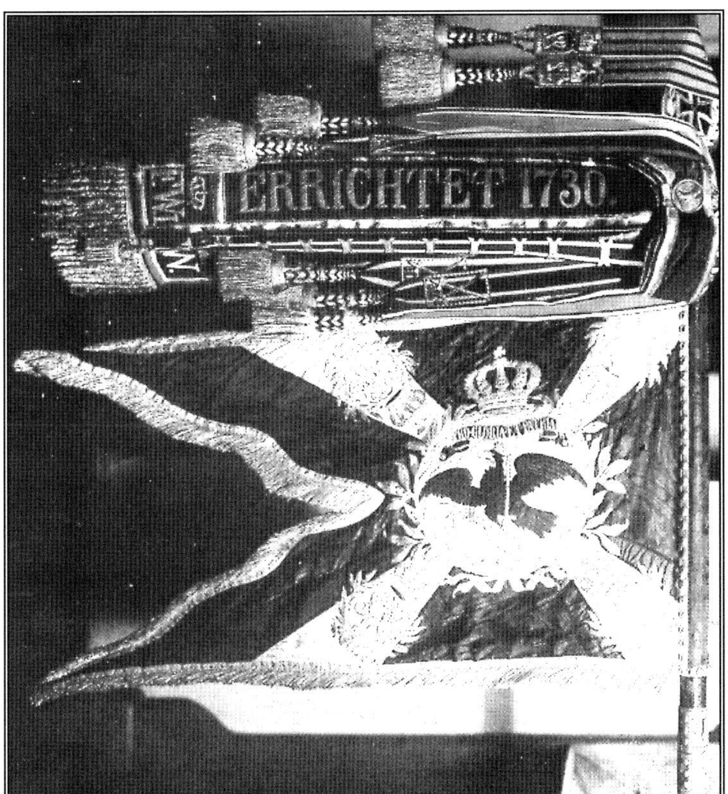

Die 1891 dem Husaren-Regiment von Zieten verliehene Standarte.

Die entsprechende Verleihungsordre lautete:

„An das Husaren-Regiment von Zieten (Brandenburgisches) Nr. 3

1891, April 18. Berlin

Die Standarte, welche Meines in Gott ruhenden Herrn Urgroßvaters Majestät dem Husaren-Regiment von Zieten (Brandenburgisches) Nr. 3 als ein Zeichen Seines Königlichen Dankes und Seiner Zufriedenheit mit dessen im Befreiungskriege allezeit bewährten Diensten verliehen hatte, und die es zweimal im heißen Kampfe sich zu erhalten gewußt hat, ist der Zeit und ehrenvollen Verletzungen erlegen. Ich habe deshalb beschlossen, dem Regimente eine neue Standarte nach dem Muster derer zu verleihen, denen es noch unter Meinem erhabenen Ahnherrn, dem Großen Könige gefolgt ist. Möge das Regiment bei ihrem Anblick stets eingedenk sein der Heldenthaten, welche seine Laufbahn von seiner Entstehung an, über einhundertfünfzig Jahre lang, auch in den schwierigsten Lagen bezeichnet haben, dann werden ihm auch in Zukunft nie Männer fehlen, wie die waren, welche seinen Ruf gegründet und ihm immer Ruhm und Ehre eingetragen haben. Meine Königliche Anerkennung und der Dank des Vaterlandes werden ihm dann nie fehlen.“

Angaben zur Standartenabbildung

Grundtuch mohnroter, geblümter Seidendamast. Fransen und Tressen silbern. Mittelfeld weißer Silberstoff. Eckkeile schwarz-weiß-schwarz. Eckmedaillons weiß wie Eckkeile. Das Mittelfeld und die silbernen Ecknamenszügen sind von silbernen Lorbeerzweigen und ebensolchen Früchten umgeben. Bandschleifen silbern. Spruchband mohnrot mit silberner Umrandung und silberner Inschrift „PRO GLORIA ET PATRIA“. Adler schwarz mit goldener Krone, Fängen, Schnabel, Donnerkeil und Schwertgriff. Schwertklinge silbern; Zunge rot. Kronen über dem Mittelfeld und den Ecknamenszügen silbern und ebensolchen Edelsteinen. Innenfutter der Kronen purpur. Reichsapfel hellblau mit silbernem Kreuz und Reif.

„Die Standarte“

Jena und Auerstedt! Der Troß des geschlagenen preußischen Heeres wälzt sich ostwärts. Teile der zersprengten Truppen irren durch die Wälder, müde und verzweifelt suchen sie Anschluß an das abziehende Gros, verlieren sich im bergigen Gelände und hasten ruhelos ohne Ziel weiter. Blutigrot färbt sich hinter ihnen der Himmel im Rauch und Feuerschein der brennenden Ortschaften: ein furchtbares Fanal für die Preußen, deren Land nun dem Korsen auf Gnade und Ungnade ausgeliefert ist.

Auf einer Anhöhe, nur wenig fern von dem blutgetränkten Schlachtfelde, hält Major Saldern, der Kommandeur der brandenburgischen Husaren. Zerfetzt hängt ihm die rote Attila von den Schultern, Schweiß trieft aus seinem Gesicht; seine Züge sind hart und zwingend. Von seinem unruhigen Gaul herab späht er nach allen Seiten, und wenn er einen flüchtenden Reiter sieht, herrscht er ihn an: „Hierher! Wollt Ihr heran!"

Neben dem Kommandeur, dessen unbedecktes, ergrautes Haar wirrsträhnig vom kantigen Schädel flattert, hält ein junger Leutnant mit trotzigen, finsteren Augen, dem Alten aus dem Gesicht geschnitten: sein einziger Sohn, Standartenträger des Regiments. Der rechte Arm, dem ein französischer Kürassier an Elle und Speiche die Sehne zerhieb, ist mit durchbluteten Fetzen umwickelt und hängt an einer Schnur schlaff vor der verstaubten Pekesche (Überrock). Die gerettete Regimentsstandarte steckt mit dem Schaftende in seinem linken Stiefelrohr, das obere Ende hat er sich mit einem Riemen um die Schulter binden lassen. So hat er die linke Hand frei, um den Wallach zügeln zu können.

Ein alter Wachtmeister ist noch da mit rund zwei Dutzend Husaren. Das scheint der Rest vom Regiment zu sein, denn es findet sich kein Mann mehr da.

Da hallt von der Straße her dumpfes Pferdegetrappel. Rufe ertönen. Und nun prescht eine Rotte französischer Reiter im Galopp die Höhe hinauf.

„Drauf!" brüllt Major Saldern. „Die Standarte sollen sie nicht haben, ohne sich vorher die Schädel einzurennen."

Die Gäule prallen am Hang zusammen. Waffen klirren, Schüsse blitzen, Gebrüll und wilde Flüche gellen auf. Hin und her wälzt sich der Knäuel. Reiterlose Pferde stieben davon, Schreie mischen sich in den Lärm.

Vorbei ... Verwundete, Tote und Sterbende bedecken den Hang. Oben aber hält noch das zusammengeschmolzene Häuflein der Husaren, die flatternde Standarte über sich, und weicht nicht vom verlorenen Posten.

Wieder fegen die Feinde heran. Kürassiere sind es, eine ganze Eskadron. Die Husaren heben sich in den Bügeln und umkrampfen ihre Pistolen und Säbel. Jetzt stieben die Angreifenden den Hügel hinan. Im furchtbar dröhnenden Zusammenprall werden die Husaren überrannt. Ein erbittertes letztes Handgemenge. Pferde überschlagen sich; es prasselt und klirrt und kracht.

Die Standarte! Die Standarte!

Als sich Staub und Pulverdampf verzogen haben, sind die letzten Husaren seitwärts ausgebrochen und flüchten durchs Tal.

Dem Major ist dieser Weg versperrt. Er reißt seinen Gaul herum, greift noch eben den Wallach seines Sohnes beim Zaum, setzt die Sporen ein und prescht jenseits den Hang hinab, gewinnt freies Feld und hetzt weiter. Einer der Franzosen bemerkt die Fliehenden, schreit und tobt, und schon sausen zwölf Kürassiere hinterdrein: Die Standarte! Die Standarte!

Es wird eine furchtbare Jagd. Ein Ritt um Leben und Ehre! Talauf, talab, über Höhen und Triften. Endlich dunkelt weit hinten geradeaus der Tannenwald herauf. Der Kommandeur wendet sich im Sattel um: „Vier, sechs, zehn, zwölf! Junge, wenn die Gäule durchhalten, schaffen wir's."

Weiter geht der jagende Ritt. Besorgt dreht sich der Alte nochmals um: „Verdammt, sie kommen auf. Setz die Sporen ein, Junge! Daß der Teufel ...!"

Eine letzte Kraftanstrengung, die Tiere dampfen und schnauben. „Wir schaffen's nicht, die Gäule sind ausgepumpt. Es geht zu Ende. Einer von uns muß aber durch.

„Ja, Vater, du!"
„Ich? - Red' nicht so dumm. Wenn's der Weg am Walde zuläßt, werfe ich mich 'rum und fahre zwischen sie. Du aber jagst weiter."

Sie streiten sich. Der Junge will bleiben, wo der Vater bleibt. Der Alte mahnt, bittet, weist darauf hin, daß der Sohn verwundet ist, nicht kämpfen kann, daß er der letzte der Saldern ... Nichts, der Junge will nicht. Da fährt der Major auf: „Kreuzdonner, Leutnant Saldern, was habt Ihr in Treue den Tag getragen?"

„Die Standarte der brandenburgischen Leibhusaren."
„Leutnant Saldern", des Alten Stimme wird messerscharf, „diese Standarte habt Ihr bei Eurer Soldatenehre dem König von Preußen mit einem letzten Gruß von mir zu überbringen. Verstanden?"

Da heben sich beide jäh im Sattel und starren auf einen langen, breiten Dornwall, der vor einem Wassergraben aufwächst. „Potz Tod und Teufel, Jung', was ist das? Soll das für uns beide das Ende sein?"

Wie sie dicht davor sind, entdecken sie zur Linken einen schmalen Durchlaß, hinter dem eine Brücke über den Grenzgraben führt. Der Alte späht vor, wendet sich und schreit in wild aufquellender Freude, den breiten Säbel schwingend: „So, ihr französischen Hunde, Lumpenkerle, nun heran!" Und seinem Sohne ruft er zu: „Vor und durch! – Dummer, lieber Junge, das ist die Erfüllung dem Vater und Offizier, daß er sich opfert für sein Kind und für seine Fahne. Gott mit dir, und grüß' mir den König!"

Ein letztes Mal tauchen beider Augen ineinander, dann verschwindet der Leutnant mit der Standarte durch die Lücke. Der Kommandeur aber reißt seinen Gaul herum, pariert und und versperrt den Heckendurchlaß, indem er das Pferd mit der Hinterhand in die Lücke soweit hineinschiebt, daß er durch die hohe Dornenpackung auch seitlich gedeckt ist. So erwartet er den Angriff der Feinde.

Die Kürassiere umkreisen ihn; kommen sie zu nahe, dann kracht seine Pistole. Minuten vergehen. Da endlich fällt ein junger Rittmeister den Alten an. Die Klingen blitzen, bedächtig wehrt der Major ab; Zeit will er gewinnen. Nun ist der Hufschlag hinter ihm verhallt – der Sohn gerettet. Da richtet sich der Alte hoch im Sattel auf. Er hat gebetet: „Der Herr segne dich und behüte dich!" Nun lacht er auf und brüllt: „Und gebe dir seinen Frieden!" Eine kurze Finte, der Säbel des Feindes klatscht in die Hecke, ein Blitz, und der furchtbare Hieb wirft den Rittmeister mit gespaltenem Schädel vom Pferd.

Stumpf sinkt der Alte nun im Sattel zusammen. Er ist so müde, so grenzenlos müde. Sinnlos erscheint ihm jetzt alles. Warum war das eben, warum?

Da dröhnt der ungeheure Schlag von einem Dutzend Pistolenschüssen in seinen Ohren. Wie Stiche geht's ihm durch die Brust. Warm, eklig und doch: mehr, mehr! Selige Dumpfheit, selige Dunkelheit, seliges Verdämmern ... seliges Nichts ...

Langsam rutscht der schwere Körper aus dem Sattel. Soldatenlos! Heute dir, morgen mir ...

Der Leutnant Saldern aber ist weit. Er wird die Standarte der brandenburgischen Husaren seinem König bringen und von einem wackeren Kommandeur berichten, der sich freudig für Fahne und Sohn opferte.

(Die Standarde der brandenburgischen Husaren,
nach R. Südekum, in: Zieten-Husaren. Nachrichtenblatt,
Berlin 1938, S. 1251 ff.)

Erbeutung einer holländischen Fregatte durch Zieten-Husaren

Am 1. Januar 1900 überwies Kaiser Wilhelm II. dem Husaren-Regiment von Zieten die Kopie einer alten, im Zeughaus Unter den Linden aufbewahrten Flagge der im Jahre 1787 erbeuteten holländischen Fregatte. Am 4. Januar 1900 erfolgte die feierliche Übergabe durch Exzellenz v. Liegnitz an das auf dem Kasernenhof in Rathenow angetretene Regiment. Die Flagge wurde dann im Kasino aufbewahrt. Sie trägt auf rotem Tuch den goldenen Löwen von Oranien.

Am 1. März 1786, nur wenige Wochen nach dem Tode des alten Zieten, erhielt der bisherige Kommandeur des Schulenburgschen Regiments, Oberst Baron v. Eben, unter Beförderung zum Generalmajor, das Zietensche Regiment als Chef.
In Holland hatte die sogenannte patriotische Partei sich gegen die amtierende Regierung aufgelehnt und die Frau des Statthalters, des Prinzen von Oranien, die Schwester des Königs von Preußen, gefangengenommen. Darauf ließ König Friedrich der Große unter dem Kommando des Herzogs von Braunschweig 25 Bataillone Infanterie und 10 Schwadronen Kavallerie in Holland einrücken. Zu den Schwadronen gehörte das I. Bataillon des Zieten-Regiments, das damals aus der Leibschwadron und den Schwadronen v. Wolffradt, v. Lentz, v. L'Estocq und Velten bestand. Alles bewährte Truppenoffiziere aus dem Siebenjährigen Krieg.

Die feindlichen Streitkräfte bestanden vorwiegend aus bewaffneten Bürgergarden unter dem Grafen v. Salm. Die unzähligen Kanäle, die das Land durchzogen, sollten die Hauptrolle bei der Landesverteidigung spielen. Man entwarf im feindlichen Hauptquartier auch Pläne, um durch gezielte Überschwemmungen die Bewegungen des preußischen Korps zu behindern. Eine der Hauptaufgaben der Husaren bestand nun darin, das Durchstechen der Dämme zu verhindern und die Absichten des Feindes zu erkunden. Dazu wurden weit ins Land führende Patrouillen, kleinere Überfälle und Handstreiche unternommen.

Am 2. August 1787 marschierten die Zieten-Husaren von Berlin über Minden, Bielefeld, Hamm nach Wesel, dem Sammelplatz der 1. Armee, wo sie am 1. September eintrafen. Dort wurden die Leibschwadron und die von Lentz und Velten der Division des Generalleutnants Gaudi, die beiden anderen, unter das Kommando des Oberstleutnants v. Wolffradt, der Division des Generalleutnants v. Knobelsdorf zugeteilt.

Am 13. September erfolgte der Einmarsch in Holland. Die Vorhut der Division Gaudi, drei Eskadrons der Zieten-Husaren und das Füsilier-Bataillon Langelair, führte General v. Eben. Am 14. September erfuhr dieser, daß die sogenannten Patrioten beabsichtigten, den großen Damm bei Everdingen zu durchstechen. Er schickte daraufhin den Rittmeister v. Meckling mit 100 Pferden und 60 Mann Infanterie vor, um den Durchstich zu verhindern. Da die Infanteristen den Husaren beim raschen Marsch nicht hatten folgen können, blieb Meckling mit 70 Husaren bei diesen und schickte nur den Leutnant v. Seel mit 30 Pferden voraus. Dieser meldete kurze Zeit später, daß die Aktion zum Durchstechen des Dammes von 200 Infanteristen und 20 Reitern gedeckt würde. Meckling ließ daraufhin seine Truppe rasch vorrücken, besetzte Everdingen und verhinderte so die Durchstechaktion, da der Gegner keinen Widerstand leistete und die zum Arbeiten gepreßten Bauern davonliefen.

Nunmehr bekam Meckling den Befehl, weiter nach Vianon vorzustoßen, einer Kleinstadt in der Nähe von Utrecht. Auch diese Stadt wurde nicht verteidigt. Offenbar war der Gegner überhastet abgerückt, denn die Husaren fanden noch 12 Kanonen, zwei Haubitzen und mehrere hundert Gewehre sowie reichlich Munition. Hier erfuhr Meckling, daß eine große feindliche Fregatte im Leck aufgefahren war und auf einer Sandbank festsaß.

Meckling schickte zuerst 30 Infanteristen unter dem Leutnant v. Hollmann dorthin. Die Preußen wurden aber von der Fregatte aus mit Kanonen beschossen und mußten sich zurückziehen. Meckling hatte inzwischen den General v. Eben benachrichtigt, und dieser kam mit allen greifbaren Kräften zu Hilfe. Am Ufer gegenüber der Fregatte standen die Leibschwadron der Zieten-Husaren, etwas Infanterie und mehrere Bataillonsgeschütze. Der Kapitän der Fregatte wurde durch einen Trompeter zur Kapitulation aufgefordert. Nach kurzer Beratung hißte die Fregatte die Oranjeflagge als Zeichen der Kapitulation. Das Schiff führte 10 Kanonen und hatte eine Besatzung von einem Leutnant, 50 Soldaten, einem Steuermann und 20 Matrosen, dazu der Kapitän. Der Herzog von Braunschweig schenkte die Fregatte dem General v. Eben, die Ladung im Wert von 10.000 Gulden wurde an die Husaren verteilt.

Der General v. Eben nahm die größere Flagge der Fregatte mit in seine schlesische Heimat, wo er sie als Kriegstrophäe über seinem Kirchensitz in der Dorfkirche von Rosen bei Kreuzburg anbringen ließ. 1875 erfuhr Kaiser Wilhelm I. vom Vorhandensein der Flagge. Die Gemeinde Rosen schenkte sie dann dem Kaiser, der sie dem Zeughaus übergab. 1900 kam dann eine Kopie zum Regiment nach Rathenow, die dann mit der Verlegung des Kavallerie-Regiments 3 nach Göttingen kam.

Eine zweite, kleinere von den Husaren eroberte Flagge soll sich um 1800 in der Sammlung der Waffensammlers Friedrich Krüger befunden haben. Auch sie soll ins Zeughaus gelangt sein (Juni 1827). Jedenfalls sind diese beiden Flaggen die einzigen von den Preußen im Kampf erbeuteten Marineflaggen aus älterer Zeit, die ausgerechnet von den Zieten-Husaren erbeutet wurden.

Zur Geschichte der preußischen Husaren

Nachdem König Friedrich Wilhelm I. nach dem Regierungsantritt einen ersten Überblick über die Finanzlage des preußischen Staates gewonnen hatte, ging er sofort daran, die bisher von seinem Vater für eine prunkvolle Hofhaltung verwendeten umfangreichen Gelder für den Ausbau des Heeres einzusetzen. So wurde 1717 vom König von Polen und Kurfürsten von Sachsen, August dem Starken, ein ganzes Reiterregiment von 689 Mann gegen ein halbes Dutzend Porzellanhusaren, die dann in den Dresdner Sammlungen als „Dragonervasen" bezeichnet wurden, übernommen. In der preußischen Armee wurde das Regiment dann mit dem Spitznamen „Porzellan-Dragoner" bezeichnet. Aus ihm gingen später die Kürassierregimenter 3, 4, 5 und das Dragonerregiment 1 hervor.

Schon in seiner „Abhandlung über die preußische Kriegsverfassung" kritisierte Friedrich der Große, daß die preußische Reiterei aus sehr großen Mannschaften bestände, die auch außerordentlich große Pferde ritten. *„Es waren Kolosse auf Elefanten, die weder sich gehörig zu bewegen noch zu fechten wußten."* Die Reiterei hatte sich zu dieser Zeit zur schlachtentscheidenden Waffengattung entwickelt. Als Friedrich II. diese Äußerung niederschrieb, dachte er vor allem an die Kürassiere, die infolge ihrer Schwerfälligkeit z.B. in der Schlacht bei Mollwitz (10.04.1741) vollkommen versagt hatten. Aber dieser Zustand sollte sich bald ändern.

Zurück zu den „Porzellan-Dragonern", die in Ostpreußen stationiert waren. Da das benachbarte Polen ein ständiger Unruheherd war, mußte die Grenze kontinuierlich überwacht und gesichert werden. Dafür machte sich die Schaffung einer leicht beweglichen Reitertruppe notwendig. Friedrich Wilhelm I. befahl deshalb dem Generalleutnant von Wuthenow 1721 *„den Stamm von 30 Pferden aus lauter polnischen Wallachen zu errichten"*. Wallachen war die Bezeichnung für die polnischen katholischen Lanzenreiter (zu der Zeit waren die polnischen Ulanen noch vorwiegend aus den mohammedanischen Tartaren rekrutiert), ihre Uniform sollte sich nach der der ungarischen Nationalkavallerie richten. Der erste Chef dieser neuen kleinen Reitertruppe war ein Deutscher namens Schmidt, der älteste Stabskapitän im Wuthenowschen Dragoner-Regiment Nr. 6, das in Tilsit stand. Nach der Vermehrung des Bestandes auf drei Eskadronen wurde Major von Bronikowski zum Kommandeur berufen. Bei den regulären preußischen Truppen galten die Husaren um diese Zeit noch als undisziplinierter Haufen, der weit unter ihnen stand.

Eine andere Husarenformation entstand 1730 in Berlin. Als Anlaß soll hier dem König ein Eindruck während einer 1729 unternommenen Reise nach Süddeutschland zu seinem künftigen Schwiegersohn, dem Markgrafen von Bayreuth, gedient haben. Die dortige Leib-Husaren-Eskorte machte wegen ihrer Schneidigkeit derart Eindruck auf ihn, daß er beschlossen haben soll, sich eine ähnliche Formation zu schaffen. Der Markgraf übergab ihm diese Eskorte-Husaren. Aus diesen, Neuangeworbenen aus Ungarn sowie ausgesuchten Leuten aus den Husarenschwadronen in Ostpreußen wurde eine Leibhusaren-Kompanie in Stärke von 3 Offizieren, 6 Unteroffizieren, 1 Trompeter, 1 Fahnenschmied und 60 Husaren gebildet. Als Uniform erhielten sie weiße Dolmans und Pelze mit gelben Schnüren, weiße Schoitaschs und Filzmützen. Chef dieses „Berlinischen Husaren-Korps“ wurde der Major von Beneckendorff. In diesem Regiment erhielt bekanntermaßen der junge Zieten eine Leutnantsstelle. In der 1731 errichteten zweiten Kompanie (4 Offiziere, 7 Unteroffiziere, 1 Trompeter, 80 Husaren) wurde Zieten als Rittmeister deren Chef.

1735 erwarb sich dann die unter Zietens Führung an den Rhein gesandte preußische Husarenabteilung ihre ersten Sporen im Kampf, so daß Friedrich Wilhelm I. sie bei ihrer Rückkehr mit Lob empfing. Das „Berlinische Leib-Korps Husaren“ (das spätere Zieten-Husaren-Regiment Nr. 3 in Rathenow) hatte das „Königliche Felleisen“ (ein besonderer Behälter für die Beförderung der Post des Königs) von Berlin nach Potsdam zu bringen, Deserteuren nachzusetzen, Geldtransporte zu bewachen und Depeschen zu überbringen. Dazu mußten sie sich intensiv mit den geographischen Bedingungen vertraut machen. Für die Beförderung des „Königlichen Felleisens“ ist z.B. die Episode überliefert, daß am 30. April 1737 der mit dem Transport beauftragte Husar „um acht Uhr“ noch nicht eingetroffen war. Der mit der Untersuchung des Vorfalls beauftragte Kommadeur der Husaren stellte fest, daß der Husar mit seinem Pferd gestürzt war. Daraufhin befahl der König, daß von nun an seine Post durch zwei Husaren zu befördern sei.

Überhaupt fiel der Dienst bei den Husaren aus dem üblichen Rahmen des sonstigen sehr streng reglementierten Dienstes. Hier waren auch große Anforderungen an die Gewandheit, das Improvisationsvermögen und den persönlichen Mut gestellt, da man ja auch als Einzelperson bzw. in kleinen Gruppen Aufgaben zu erfüllen hatte. König Friedrich Wilhelm I. hatte seinen Husaren stets „die königliche Huld“ erhalten. Bei seinem Tode hatte diese junge Truppe die Stärke von neun Schwadronen, davon zählten sechs zu den (ost)preußischen, drei zu den Berlinischen Husaren.

Unmittelbar nach dem Regierungsantritt Friedrichs II. kommt es zum Ersten Schlesischen Krieg. Schon bald muß der preußische König erfahren, wie geschickt die Husaren agieren können, allerdings die des Gegners. Bei Baumgarten fällt er um ein Haar in die Hände ungarischer Husaren, die von Paul Werner geführt werden. Bei Mollwitz versagt die schwerfällige preußische Kavallerie vollständig. Der König flüchtet auf Schwerins Pferd vom Schlachtfeld, nur wenige Getreue sind bei ihm, als

Brandenburgisches Husaren-Regiment
von links:
Offizier und Husar aus der Zeit Friedrich des Großen, Husar um 1806 (Zeichnung von Richard Knötel).

er bis vor die Tore von Oppeln gelangt und dort von Baranyaischen Husaren angegriffen wird, die wieder von Paul Werner geführt werden, der Jagd auf den König macht. Nur der Schnelligkeit seines Pferdes verdankte Friedrich seine Freiheit.

Im Nachhinein bezeichnet der König seine Reiterei *„als nicht wert, daß sie der Teufel holt"*. Aus den Schlußfolgerungen über Veränderungen bei der Kavallerie erfolgt auch der Ausbau der Husarenformationen.

Der Stamm für die Husarentruppe war mit den sechs preußischen und drei Berlinischen Schwadronen vorhanden. Die preußischen Husaren mußten drei Schwadronen an die Berlinischen abgeben. Das so entstandene Husaren-Regiment Nr. 2 erhielt Zieten als Chef. Aus zwei weiteren Schwadronen wurde das Husaren-Regiment Nr. 3, und aus der verbleibenden letzten das Husaren-Regiment Nr. 5 errichtet. Der Chef der preußischen Husaren hatte aber von jeder Schwadron zehn Mann zurückbehalten und sogleich mit der Neuanwerbung von Husaren begonnen.

Die Auffüllung des Regments Nr. 1 ging in Ostpreußen so gut vonstatten, daß es 1741 schon fünf Schwadronen stark zum schlesischen Kriegsschauplatz abrücken konnte. Es folgte die Aufstellung weiterer Husarenregimenter: Nr. 4 ging aus einem Ulanenkorps hervor, das beim ersten Kampfeinsatz vollkom-

Brandenburgisches Husaren-Regiment
von links:
Offizier 1812, Husar 1861, Offizier und Husar 1905
(Zeichnung von Richard Knötel).

men versagt hatte. Sie hießen dann wegen ihrer weißen Pelze die „Bählämmer". Aber sie bewiesen sehr bald im Kampf, daß sie reißende Wölfe im Schafspelz waren. Das Regiment Nr. 6, die „Fleischhacker", wurden ebenfalls noch während des ersten Schlesischen Krieges geworben, und zwar aus den soeben besetzten Gebieten um Breslau und Ohlau.

1743 erfolgte die Errichtung des Husaren-Regiments Nr. 7 in Pommern. Als Stamm erhielt es eine Schwadron vom Regiment Nr. 5. Das Husaren-Regiment Nr. 8, dessen Stamm ebenfalls vom Regiment Nr. 5 gestellt wurde, geriet 1758 in der Schlacht bei Maxen in Gefangenschaft. Diese Stammnummer erhielt dann ein 1759 neuerrichtetes Regiment. Das neunte Regiment bestand aus Bosniaken, Lanzenreitern. Das Husaren-Regiment Nr. 10 wurde erst lange nach Beendigung des Siebenjährigen Krieges, 1773, aufgestellt.

Während des Siebenjährigen Krieges waren die Husaren an allen Schlachten und Gefechten beteiligt. Häufig schlugen sie sich sehr erfolgreich, wobei sie natürlich entsprechend ihrer Spezifik nicht als eigentliche Schlachtenreiterei fungierten, sondern ihr Metier der sogenannte Kleine Krieg war, Aufklärungsritte, Sicherungsaufgaben während Verfolgungen oder auf dem Rückzug, die Durchführung von Überfällen und Streifzügen, wobei die Abteilungen häufig weit in feindliches Hinterland vorstießen. Die Führer bewiesen dabei großen Mut

Joachim Bernhard v. Prittwitz und Gaffron, General der Kavallerie.

Friedrich Wilhelm Gottfried Arndt v. Kleist, Generalmajor.

und Selbständigkeit. Zietens Ruhm hat dabei die hervorragenden anderen Husarenführer etwas zu stark in den Hintergrund treten lassen.

Chef des ersten Regiments war der „grüne" Kleist, der den Beinamen von der Farbe des Dolmans seiner Husaren erhielt. 1756 noch Leutnant, wurde er zum Husaren-Regiment Nr. 1 als Major versetzt und erwarb sich durch den gelungenen Überfall bei Gotha, einem Gefecht im Vorfeld der Schlacht von Roßbach, den Orden pour le mérite. 1756 ist er Oberstleutnant und Chef der grünen Husaren. Im gleichen Jahr kommandiert er bereits ein Freikorps von 20 Schwadronen, das außer seinem eigenen Regiment noch ein preußisches Kroaten-Bataillon, ein Fußjägerkorps und noch mehrere Schwadronen Freihusaren und Dragoner zählte. Berühmt wurde sein Zug nach Franken. Nürnberg mußte vor einer Handvoll seiner Reiter kapitulieren. Der Husaren-Kornett Stürzebacher nahm mit einem Trompeter und 25 Husaren Rothenburg a.d. Tauber. Allgemein gerühmt wurde die Menschenfreundlichkeit Kleists, der jede Plünderung durch seine Husaren auf das härteste bestrafen ließ.

Das zweite Husaren-Regiment der preußischen Armee war das berühmte Zietensche, das aus dem Berlinischen Husarenkorps hervorgegangen ist. Neben der Teilnahme an vielen Schlachten der Schlesischen Kriege ragen hier das Gefecht bei Moldauthein, der so berühmte Zietenritt und der Überfall bei Katholisch-Hennersdorf hervor. Bei Moldauthein kämpften die Zieten-Husaren zusammen mit ihren Waffengefährten von den 5. Husaren, den Totenkopf-Husaren. Der König ehrte die Sieger, indem er sich an ihre Spitze beim Einrücken setzte und sie an der ganzen Front der im Lager angetretetenen Formationen vorbeiführte. Der „Zietenritt" war ein glänzendes Stück husarischen Schneids, durch fast 20.000 Mann Österreicher führte Zieten seine Schwadronen hindurch, darauf spekulierend, daß sie in ihren neuen blauen Pelzen, in denen sie einem ungarischen Husaren-Regiment glichen, nicht erkannt würden. Die List gelang fast vollkommen, erst im letzten Teil des Weges mußte man sich mit dem Säbel in der Faust durchschlagen. Bei Katholisch-Hennersdorf gelang, wieder in Gemeinschaft mit den 5. Husaren, ein glänzender Überfall. Einer der besten im Zietenschen Husaren-Regiment war der Rittmeister von Prittwitz, der den König in der Schlacht von Kunersdorf rettete.

Das dritte Regiment, die weißen Husaren, wurden von so bekannten Offizieren wie Wartenberg, Malachowski und Warnery, alles exzellente Könner im „Kleinen Krieg", geführt.

Die vierten Husaren, die hellblauen mit weißem Pelz, die „Bählämmer", führten einen Leutnant v. Seydlitz in ihren Reihen. Hier erwarb er sich seine ersten kriegerischen Erfahrungen im husarischen Draufgängertum, bevor er später zu den Kürassieren übertrat und zum berühmtesten preußischen Reiterführer wurde.

Die fünften Husaren, die schwarzen, waren die legendären „Totenköpfe". Ihr Chef, Oberst v. Ruesch, war ein hervorragender Truppenführer, der das husarische Element perfektionierte. Dieses Regiment war auch das einzige, welches der Katastrophe von Jena und Auerstedt entging und somit als „altes" Regiment betrachtet wurde.

Das sechste Husaren-Regiment, die braunen Husaren, hatten wohl den schneidigsten Husarenführer zum Chef, Paul v. Werner. Es war derselbe, der zweimal die Gefangennahme Friedrichs des Großen versuchte und dem dies nicht gelang. In Österreich wurde er deswegen verleumdet und mit Spott bedacht, bei anstehenden Beförderungen übergangen. Darum suchte er die preußischen Dienste, wurde bei den braunen Husaren eingestellt und bald ihr verdienstvoller Chef. Berühmt wurde sein Zug nach Kolberg, das von den Russen belagert wurde. Das plötzliche Erscheinen seiner Husaren führte zum Abbruch der Belagerung und zur Abfahrt ihrer Flotte.

Das siebente Regiment, das gelbe, wurde im Siebenjährigen Krieg ebenfalls von einem Malachowsky geführt, einem Bruder des Chefs des 3. Regiments. Es focht hervorragend bei Groß-Jägerndorf und Kunersdorf, mehrere Schwadronen auch im Verband der verbündeten Armee in Westdeutschland.

Friedrich Wilhelm von Seydlitz, General der Kavallerie.

Das achte Husaren-Regiment, das krapprote, wurde als das Gersdorffsche Regiment bekannt. Es hatte das Pech, bei Maxen gefangengenommen zu werden.

Das neunte Regiment wurde 1758 aus dem Stamm des Zieten-Regimentes aufgestellt. Chef wurde hier der Oberst v. Belling. Das Regiment hatte wie die fünften Husaren schwarze Dolmans, auf der Flügelmütze jedoch an Stelle eines Totenkopfes ein liegendes Skelett, mit Sanduhr und Hippe, weshalb es im Volksmund der „ganze Tod" hieß. Neben dem zweiten und vierten Regiment wurde es zum berühmtesten Husaren-Regiment der friderizianischen Armee. Sein Chef, v. Belling, zeichnete sich im „Kleinen Krieg" besonders gegen die Schweden in Pommern aus. Am 20. August 1760 nahmen sie den schwedischen Standartenjunker Leberecht v. Blücher vom Regiment Moerner gefangen, den späteren Chef dieses Regiments und gefeierten Helden der Befreiungskriege. Die schwarzen Uniformen mit dem Skelett auf der Flügelmütze trugen die Belling-Husaren aber nur bis 1764. Sie übernahmen dann die krapprote der Gersdorffschen.

Joseph Theodor Freiherr von Ruesch, Generalmajor.

Die Uniformierung der Husaren ist auch heute noch ziemlich bekannt. Ihre eigentümliche Bekleidung war der ungarischen Tracht nachgeahmt, hieß doch auch die Flügelmütze offiziell „ungarischer Hut". Insgesamt jedoch gab diese Uniform ihrem Träger ein martialisches, furchterregendes Aussehen, das bei den schwarzen und den Belling-Husaren noch durch das Todes-Emblem erhöht wurde. Dazu kam, daß die Schnurrbärte, die bei anderen Truppenteilen ausgewichst sein mußten, über die Mundwinkel lang herabhingen. Selbst den Offizieren, die bei den anderen Waffengattungen glatt rasiert sein mußten, war bei den Husaren das Tragen von Bärten gestattet. Auch die unterscheidenden Farben verschiedener friderizianischer Regimenter sind in der preußischen Armee noch bis zum Ersten Weltkrieg getragen worden.

Die Rathenower Zieten-Husaren hatten die gleichen Farben wie das alte Zietensche Regiment. Die Leibregimenter 1 und 2 in Danzig übernahmen den schwarzen Dolman und den Totenkopf vom Husaren-Regiment 5. Die späteren 4. Husaren in Ohlau behielten die brauen Farbe der Wernerschen Husaren. Diese Reiter wurden später mit denen der alten Regimenter 4 und 7 zur Neubegründung des Schillschen Husaren-Regiments verwendet. Die krapprote Farbe der Gersdorffschen bzw. Belling-Husaren wurde im pommerschen Husaren-Regiment in Stolp weitergeführt. Als 9. Regiment rangierten Bosniaken, die den Totenkopf-Husaren zugeteilt waren und aus denen sich später die Ulanentruppe entwickelte.

Hans Joachim von Zieten (Porzellan-Malerei nach Chodowiecki, um 1775).

Das Husaren-Regiment Nr. 2 nach dem Tode Zietens 1786-1815

Am 1. März 1786 wurde der bisherige Kommandeur des Schulenburgschen Regiments, Oberst Baron v. Eben, unter Beförderung zum Generalmajor zum neuen Chef ernannt.

Im Rahmen der Kämpfe 1787 in Holland, an denen ein preußisches Korps teilnahm, um die von der sogenannten Patriotenpartei gefangengenommene Gemahlin des Statthalters der Niederlande, des Prinzen von Oranien, die Schwester des Königs von Preußen, zu befreien, agierte auch das I. Bataillon der nunmehrigen Schulenburg-Husaren. Viele kleine Patrouillengefechte waren zu bestehen.

1788 wurde das II. Bataillon des Regiments aus seinen bisherigen Garnisonen in Mecklenburg zurückgezogen. Der Stab und zwei Schwadronen kamen nach Fürstenwalde, zwei Schwadronen nach Beeskow und eine Schwadron nach Mühlrose.

1790/91 stand das Regiment in Schlesien bzw. an der pommerschen Küste.

Anfang Januar 1792 wurde Oberst v. Berge Kommandeur. Ihm folgte nach dessen Tod am 29. Juli Oberst v. Lentz, jener Husar, der sich bereits bei Moldauthein ausgezeichnet und sich vom gemeinen Husaren zum Obersten hochgearbeitet hatte. Alter und Krankheit zwangen ihn aber bereits zum Jahresende zur Abgabe des Kommandos.

Im Koalitionskrieg von 1792 gegen das revolutionäre Frankreich war das Regiment am 11. August an der Eroberung von Sierk, am Gefecht bei Fontenoy (19. August 1792) und an der Eroberung von Verdun (2. September 1792) beteiligt.

Als die preußische Armee sich nach der Kanonade von Valmy (20. September 1792) zurückziehen mußte, litten auch die Husaren unter dem allgemeinen Proviantmangel, dem schlechten Wetter und der ausbrechenden Ruhrepedemie. In einem Brief heißt es zum Rückzug der preußischen Truppen: *„Die Straße, auf der sie sich zurückziehen, ist mit toten Menschen und Pferden bedeckt, das Lager, welches sie verlassen haben, gleicht einem ungeheuren Kirchhofe. Wir fanden daselbst über 300 Pferde, die halb gegessen waren, unzählige Menschen lagen halb eingescharrt usw. usw. Der Rittmeister v. Eichstedt und Leutnant v. Höfer des Regimentes starben auch an der Ruhr; Oberst v. Luck und Leutnant Lange verließen erkrankt das Regiment, kamen nicht wieder zu Kräften und mußten den Dienst quittieren.“*

Der spätere General der Kavallerie Anton Wilhelm von L'Estocq, der 1762 Adjutant Zietens wurde und das Regiment von 1792–1794 als Kommandeur führte.

Husar vom Regiment v. Rudorff (Nr. 2) 1805–1806/07.

Am 14. Januar 1793 übernahm Oberst v. Malachowsky kurzzeitig (bisher im Husaren-Regiment v. Göcking) die Kommadeurstelle. Das Regiment nahm an der Belagerung von Mainz teil, war an den Gefechten von Hochheim und Oberflörsheim beteiligt und stellte Eskadrons zu Streifzügen ab. Im März fiel bei einer solchen Unternehmung einer der letzten Veteranen des Regiments aus dem Siebenjährigen Krieg, der Major v. Velten. Nach dem Fall von Mainz (23. Juni) führte das Regiment das Gefecht bei Limbach (13.August) erfolgreich, wobei aber der Generalleutnant v. Eben durch eine Kanonenkugel so schwer verletzt wurde, daß er dienstuntauglich wurde. Sein Nachfolger wurde der General v. Göckingk, dessen Namen das Regiment bis 1805 führte. Das Regiment kämpfte dann in der Schlacht bei Kaiserslautern (28./29.11.1793) und hatte dann im Winter 1793/94 in der vordersten Postenreihe einen schweren Dienst am linken Rheinufer.

Im März 1794 starb Oberst v. Malachowsky. Den vacanten Kommandeurposten übernahm der zum Oberst beförderte v. L'Estocq. Wie hart der Dienst in diesem Winter war, aber gleichzeitig wie erfolgreich für die Husaren, zeigt, daß 15 Offiziere den Orden pour le mérite und über 100 Unteroffiziere und Husaren die Verdienstmedaille erhielten. In der zweiten Schlacht bei Kaiserslautern agierten die ehemaligen Zieten-Husaren wiederum sehr erfolgreich und errangen u.a. 2 Fahnen, 10 Kanonen, 2 Haubitzen, 29 Pulver- und Munitionswagen. Bis zum Frieden von Basel im Mai 1795 war das Regiment weiterhin an den Gefechten beteiligt und verlor so manchen braven Husaren.

Am 21. Oktober 1795 zog das I. Bataillon des Regiments unter dem Jubel vieler Tausender nach drei Jahren und vier Monaten im Feld wieder in seine Garnison in der preußischen Hauptstadt Berlin ein. Auf Vorschlag von Oberst L' Estocq erhielten die Leutnante v. Sohr und v. Kordshagen das pour le mérite. Das II. Bataillon dagegen mußte noch Jahre unter dem General v. Blücher an der preußischen Grenze in Westfalen stehen, ehe es in seine Garnisonen Fürstenwalde, Beeskow und Mühlrose zurückkehren konnte.

1796 bis 1805

Am 6. Februar 1797 wurde der bisherige Regimentskommandeur General v. L' Estocq zum Husaren-Regiment v. Czettritz versetzt, seine Stelle übernahm der aus dem eigenen Regiment kommende Major v. Löweneck. In diesem Zeitraum bewährte sich insbesondere auch der Leutnant v. Sohr, der durch Tüchtigkeit als Reiter und Offizier aufgefallen war. Als bevollmächtigter Remonteoffizier der preußischen Krone in den unteren Donauländern bewies er eine große Selbständigkeit des Handelns sowie Einfühlungsvermögen. Die Pferde für die Husaren wurden inzwischen nicht mehr aus Polen und Rußland, sondern aus der Moldau (von hier kamen z.B. jährlich

2000 Pferde) und der Walachei bezogen. Diese Pferde hatten allerdings den Nachteil, daß es fast reine Wildpferde waren, die erst einer gewissen Gewöhnung unterzogen werden mußten, ehe es überhaupt an den Transport nach Preußen gehen konnte. Welche Leistung dieser Pferdetransport über eine riesige Strecke und durch fast unwegsames Gebiet darstellte, kann man wohl heute kaum ermessen.

1806

In diesem Jahr erhielt das Regiment für den verabschiedeten General v. Göcking den General v. Rudorff als Chef und Kommandeur, da der bisherige Kommandeur v. Löweneck verstorben war.

Inzwischen brauten sich über Preußen die Kriegswolken zusammen, eine Auseinandersetzung mit dem Frankreich Napoleons stand unmittelbar bevor. Im September des Jahres versammelten sich Teile der preußischen Truppen in Thüringen. Zu ihnen gehörte auch das alte Zieten-Regiment, jetzt v. Rudorff. Nach vielen Märschen wurde das Regiment der Vorhut der Hauptarmee unter dem Herzog von Weimar zugeteilt. Der Regimentschef führte dabei alle leichten Truppen.
Außer dem eigenen Regiment gehörten dazu das Infanterie-Regiment v. Braunschweig-Oels, das Regiment v. Berke, das pommersche Regiment v. Owstien und die Yorckschen Jäger. Die Kavallerie umfaßte u.a. die alten Schwedter Dragoner und das Husaren-Regiment v. Köhler. Das Rudorffsche Regiment stand dann mit dem I. Bataillon zwischen Buttstädt und Apolda, mit dem II. zwischen Apolda und Dornburg, ein Detachement unter dem Premierleutnant v. Bremen beobachtete bis Coburg. Am 5. Oktober rückte die gesamte Vorhut über Erfurt bis in die Gegend von Kranichfeld, das Regiment bis Leina und Schönau. Am 6. und 7. Oktober besetzten die Husaren die Linie von Mansfeld bis Grumbach, wenig später zwischen Ostheim und Behrungen. Nach der am 9. Oktober erfolgten Kriegserklärung an Frankreich klärten Teile des Regiments bis Schweinfurt auf, wobei eine Abteilung der Husaren in Königshofen 60 Gefangene machte. Zwischen dem 12. und 14. Oktober erfolgte der Rückmarsch in die Umgegend von Ilmenau. Während der Doppelschlacht bei Jena und Auerstedt patrouillierten die Husaren bis Saalfeld und bewegte sich dann mit der gesamten Vorhut über Ilmenau und Arnstadt in Richtung Weimar. Erst am 15. Oktober erfuhr man in der Nähe von Erfurt näheres über die Schlachten vom Vortag. Dichte Haufen von Flüchtlingen wälzten sich in wildem Chaos in Richtung Erfurt, um in der Festung Schutz zu suchen. Die noch geschlossenen Truppenteile seiner ehemaligen Vorhut führte der Herzog von Weimar nun in Richtung Langensalza, das Husaren-Regiment v. Rudorff dabei als rechte Flankendeckung. Als man von der schmählichen Kapitulation der Festung Magdeburg, der Niederlage des preußischen Reservekorps bei Halle und dem Übergang der napoleonischen Truppen bei Roßlau über die Elbe erfuhr, entstand die Gefahr eines Abgeschnittenwerdens.

Husar vom Regiment der „Schwarzen Husaren“ (Nr. 5) 1806.

Paradeuniform der Offiziere des Zieten-Regiments bis 1807.

Im Gefecht bei Altenzaun konnte die nachdrängende Vorhut des Korps unter Marschall Soult abgewehrt werden. Bei Sandau, drei Meilen nördlich Stendal, konnte die Elbe passiert werden. Zusammen mit dem Hohenlohenschen Korps und den Kräften, die Blücher gerettet hatte, hoffte man Prenzlau zu erreichen. Auf dem Marsch dorthin erhielt man aber die Nachricht von der Kapitulation der dortigen Besatzung. Nun war man vollständig vom Feind umgeben. Das Regiment vereinigte sich am 31. Oktober mit den Kräften unter Blücher und marschierte mit diesen nach Nordwesten, dabei bildete das Regiment nun die Nachhut, die sich ständig mit den nachdrängenden napoleonischen Kräften auseinandersetzen mußten. Am 3. November kam es zum Gefecht bei Kriewitz. Darüber berichtete einer der Offiziere:

„Hinter Kriewitz stellte sich unser Chef, der General Rudorff, mit der Arriergarde, bestehend aus den 10 Eskadrons unseres Regiments, 5 Eskadrons Dragoner und einigen Jäger-Kompa-

Brandenburgisches Husaren-Regiment (1816).

Von links: Offizier und Husar in Paradeuniform, Husar in Dienstuniform Winter.

nien auf, wobei unser Regiment die äußerste Spitze en echiquier bildete. Drei feindliche Kavallerieregimenter folgten uns hart auf dem Fuße. Ein Colonel kam mit seinem Adjutanten und mehreren Trompetern zu unserem General, um zu parlamentieren, wobei die feindliche Linie immer näher auf uns anrückte. Der General v. Rudorff wies ein solches Ansinnen aufs Bestimmteste ab. Die Leutnants v. Rheinbaben und v. Hedemann, der französischen Sprache mächtig, erklärten außerdem, er möge sich sofort entfernen. Hierauf gab der General den Befehl zu weiteren Bewegungen. Das erste Treffen zog ab und stellte sich einige hundert Schritt zurück auf.

Der feindliche rechte Flügel überflügelte bereits auf höchstens 30 Schritt die halben Eskadrons der Leutnante Rheinbaben, Kuylenstjerna und Hedemann. Letztere sahen die Gefahr auf so kurze Distanz, kommandierten zur Stelle zum Einhauen, reüssierten augenblicklich, verfolgten, so weit sie konnten, ihren Vorteil. Da sah man, wie rechts der General Rudorff,

Husaren-Vedette im Winterfeldzug 1806/07.

allen voran, an seinem großen blauen Mantel weithin kenntlich, mit dem ganzen Regiment und blasenden Trompetern avancierte.

Der Feind wurde auf allen Punkten geworfen, wobei Freund und Feind im Nahkampf wie gewöhnlich durcheindergerieten. Nachdem der Feind kaum einige hundert Schritt aufs heftigste verfolgt war, entstand aus einem Gebüsch seiner linken Flanke ein starkes Kanonen- und Kleingewehrfeuer, welches uns beiderseitig wohl gleichviel Schaden verursacht haben mochte. Außer einer Menge Gefangener nahm Rheinbaben den ersten Adjutanten Bernadottes, der Unteroffizier Polantzky unseres Regiments den Obersten der Pariser roten Husaren vor der Front seines Regimentes gefangen; ja es war nahe daran, daß wir den Marschall Bernadotte erwischt hätten.

Da nun alles sich vor der Kriewitzer Scheune stopfte, ließ der General Rudorff zum Sammeln blasen, worauf wir ruhig unseren Rückzug fortsetzten und vom Feinde nur in weiter Entfernung beobachtet wurden."

Über Walsmühlen und Wittenberge ging es nun in Richtung Lübeck unter dem Druck der ständig nachdrängenden Feinde weiter. Viele Soldaten fielen vor Erschöpfung einfach um, da sie seit Tagen nichts an Verpflegung erhalten hatten. Am 7. November kapitulierte das Blüchersche Korps nach tapferem Widerstand in den Straßen von Lübeck. Auch die Kavallerie mußte auf freiem Feld bei Ratkau die Waffen strecken. Nun gerieten auch die Rudorffschen Husaren in Kriegsgefangenschaft. Einige begingen aus Gram über die Schmach sogar Selbstmord. In den nächsten Wochen allerdings entflohen mehrere hundert der gefangenen Husaren und schlugen sich in Verkleidung mühselig bis Ostpreußen durch. Ein Teil des Regiments, nämlich die Depot-Eskadron unter dem Rittmeister v. Zieten, dem Sohn des berühmten Husarengenerals, hatte sich nach Königsberg retten können. Dort meldeten sich auch zahlreiche durch Gefangenenaustausch freigekommene Husaren des Regiments. Zusammen mit den Entflohenen konnte so das Regiment bis zum Jahreswechsel 1806 schon wieder geschlossene Eskadrons für den Kampf bereitstellen.

1807 - 1809

Zum Schicksal des Regiments berichtet hier v. Sohr in einem Brief:
„Eine Eskadron, später die erste des Regiments, ist aus dem 1806 mit mir gewesenen Remonte-Kommando und den Leuten der Regiments-Bagage, welche gerettet wurde, gebildet. Sie machte unter meinem Kommando von der Schlacht von Eylau ab die Winterkampagne in Preußen mit und wurde im Frühling 1807 nach dem damaligen Schwedisch-Pommern eingeschifft. Dort erließ General Blücher einen Aufruf an sämtliche sich im Lande aufhaltenden Unteroffiziere und Husaren des Rudorff-

schen Regiments, sich nach Treptow a. d. Rega zu gestellen, indem auf Befehl Sr. Majestät das alte Regiment wieder komplettiert werden sollte.
Die Anzahl der sich zu diesem Behufe Einfindenden belief sich auf mehr als 400 Mann, welche jedoch nach dem Tilsiter Frieden bis auf vielleicht 300 schmolzen, indem die Leute aus den abgetretenen Provinzen, namentlich dem Magdeburgischen und Halberstädtischen, woraus ein großer Teil der Inländer des Regiments bestand, entlassen wurden. Die fehlenden Pferde erhielten diese jetzt in zwei Schwadronen formierten Mannschaften, teils vom aufgelösten v.d. Marwitzschen Freikorps, teils wurden sie angekauft. Kurz vor der nachher erfolgten Verringerung des Etats der Kavallerie, waren beide Schwadronen 300 Mann und Pferde stark ...
Aus dem bedeutend starken Depot des Regiments, welches unter dem nachherigen Major v. Zieten nach Preußen geführt und durch die von mir geretteten Remonten vollkommen beritten gemacht war und zu dem sich ebenfalls eine Menge der alten Leute ranzioniert hatten, wurden etwas später zwei weitere Schwadronen formiert, von denen eine der Rittmeister v. Zieten, die andere der Rittmeister v. Barnekow führten (dazu kamen die vom anspachschen Husaren-Bataillon Bila in preußischen Diensten verbliebenen Husaren).
Anno 1808 befahl der König, daß diese vier Schwadronen, welche bis dahin noch immer den alten Namen von Rudorff geführt hatten, das erste Brandenburgische Husaren-Regiment heißen sollten, bestätigte als Schwadronschef die Majors v. Löben und v. Hobe, den Rittmeister v. Zieten und mich interemistisch.
Die bisher errichteten Schwadronen trugen ihre alten Uniformen des Regiments v. Rudorff, doch behielten einstweilen die Leute vom Bilaschen Bataillon ihre grüne Montur, da bald der Befehl eintraf, daß das Regiment andere Uniformen erhalten sollte. Beim Einmarsch in Berlin im Jahre 1809 bestanden im Brandenburgischen Husaren-Regiment noch drei ganze Schwadronen aus ehemaligen Unteroffizieren und Husaren des alten Regiments, und nur in der vierten Schwadron waren etwa 60 Anspacher.“

Da der König die bisherigen Uniformen mit ihrer leuchtend roten Farbe als zu ungünstig für eine leichte Reitertruppe hielt, wurde die traditionsreiche Farbe 1808 abgeschafft. Das Regiment erhielt nun blaue Dolmans und Pelze mit 18 weißen Schnüren, rotem Kragen und Vorstoß, als Kopfbedeckung eine Art von Tschako, weite Beinkleider. Das Zaumzeug der Pferde bestand nun nur noch aus einfachem Leder ohne jede Verzierung. Die alten Adlerflügel, Tigerfelle, Säbeltaschen usw. wurden abgeschafft.
Im Laufe des Sommers 1808 vereinigten sich alle Schwadronen bei Freienwalde in der Mark. Am 7. September des Jahres befahl der König, daß nach der neuen territorialen Einteilung das Regiment den Namen Erstes Brandenburgisches Husaren-Regiment führen sollte. Die Benennung der Regimenter nach ihren Chefs entfiel nun.

Kosaken und preußische Husaren im Kampf mit französischen Kürassieren und Dragonern.

Eine Abteilung preußischer Husaren überquert während des Rußlandfeldzuges Napoleons die Düna.

Nach den Bedingungen des Tilsiter Friedens wurden nach der Einteilung des nunmehrigen Staatsgebietes in Ost- und Westpreußen, Pommern, Brandenburg, Ober- und Niederschlesien sechs nach diesen Provinzen benannte Brigaden formiert, die jeweils 7 Bataillone Infanterie, 12 Eskadrons Kavallerie und 2 Batterien Artillerie umfaßten.

Als im April 1809 das Schillsche (zweite Brandenburgische Husaren-Regiment) aus Berlin auszog, wurde sofort das erste Brandenburgische Husaren-Regiment nachgezogen. Es rückte noch im Mai in die französisch dominierte Stadt ein. Quartier nahm das Regiment in der Friedrichstadt nahe dem Hallischen Tor. Oberst v. Corswandt wurde neuer Kommandeur. Am 23. Dezember kehrten Friedrich Wilhelm III. und Königin Luise nach Berlin zurück. Unter den sie empfangenden Truppen befand sich auch das Regiment der ersten Brandenburgischen Husaren.

1810 - 1812

In diesem Zeitraum nahm das Regiment an den üblichen Paraden teil, bildete einen Teil der Truppen anläßlich der Trauerparade am 26. Juli 1810 im Lustgarten und auf dem Schloßplatz für die verstorbene Königin Luise. Es befaßte sich aber in der Hauptsache mit der Vervollkommnung des Ausbildungsstandes der Husaren.
Nachdem Oberst v. Corswandt am 24. März 1811 zum Generalmajor und Brigadier der westpreußischen Kavallerie befördert wurde, erhielt der bisherige Chef der 2. Eskadron, Major v. Hobe, vom König das Kommando über das Regiment.

Preußische Husaren im Reiterkampf.

1811 deuteten sich wiederum Kriegswolken am Horizont an, diesmal zwischen Frankreich und Rußland. Das Regiment marschierte bereits Mitte Juli 1811 aus Berlin ab und verteilte sich auf die neuen vorläufigen Kantonements in Neustadt-Eberswalde, Angermünde und nach Vierraden, in Schwedt wurde das Depot gebildet.

Durch den Vertrag vom 24. Februar 1812 hatte Preußen Frankreich für seinen Rußlandfeldzug ein Hilfskorps von 20.000 Mann zu stellen.
Am 15. März 1812 losten die Schwadronschefs aus, welche Eskadrons diesen Feldzug mitmachen mußten. Das Los fiel auf die 3. und 4. Eskadron. Sie wurden sofort mobil gemacht und vereinigten sich mit der 1. und 3. Eskadron des Pommerschen Husaren-Regiments zum 2. kombinierten Husaren-Regiment. Je 6 Offiziere, 15 Unteroffiziere, 3 Trompeter, 1 Chirurg, 1 Kurschmied, 144 Husaren und 162 Pferde gehörten zu einer Eskadron. Diese Eskadrons rückten Ende März nach Ostpreußen ab und bildeten die 1. und 2. Schwadron des neuformierten Regiments. Kommandeur wurde der Oberst v. Czarnowsky. Marschall Davoust teilte die brandenburgischen Husaren der französischen Kavalleriereserve der Großen Armee zu. Sie mußten nun inmitten der französischen Armee marschieren, hatten französische Oberbefehlshaber. Sie wurden bei Kowno mit dem ersten französischen Kavalleriekorps vereinigt und gehörte dort zu einer leichten Division, die der General Roussel d'Hurbal führte. Das Kavalleriekorps befehligte der General Nansouty. Am 24. Juni überschritt das Regiment zusammen mit der Großen Armee den Njemen. Am 5. Juli errangen die preußischen Husaren im Gefecht bei Kozjany einen ersten Erfolg. Im Gefecht am 25. Juli bei Ostro-

Friedrich Georg Ludwig v. Sohr (1813–1815 Kommandeur des Brandenburgischen Husaren-Regiments).

wo verlor das Regiment 37 Unteroffziere und Husaren, verwundet waren 3 Offiziere, 43 Husaren. Ein Teilnehmer berichtet in seinem Tagebuch:
„Ganz in der Frühe des 26. wurden Leute zur Beerdigung der Gebliebenen entsendet. Noch ruhten die Toten, deren Plünderung die eigenen Vorposten gehindert hatten, auf der Stelle, wo sie gefallen waren. Da, wo das Kartätschenfeuer die größte Niederlage angerichtet hatte, lagen Mann und Pferd eng beisammengeschichtet. Wenn man die Qualen tödlicher Verstümmelung hiermit vergleicht, so konnten diese Toten schön genannt werden, sie waren einen echten Reitertod gestorben. Mann und Pferd waren in demselben Moment, von mehreren Kugeln durchbohrt, hingestreckt worden. Noch ruhten sie in den Sätteln, die blutigen Säbel in den Händen, kein langer Todeskampf entstellte die Züge der Gebliebenen. Unter den Gefallenen befand sich ein junger hoffnungsvoller Mann, der bei den brandenburgischen Schwadronen auf Avantage dienende (Junker) v. Bismarck.“

Nach zahlreichen weiteren kleinen Gefechten und Scharmützeln sowie anstrengenden Märschen war das Regiment auch an der Schlacht bei Borodino beteiligt. Der Leutnant v. Kalkreuth berichtet darüber:
„Am 6. September marschierten wir auf der großen Straße von Borodino vor, links, dicht neben derselben, waren drei Zelte aufgeschlagen, worin Napoleon mit seinen Adjutanten übernachtet hatte. Es konnte 6 Uhr morgens sein, als wir hier vorbeikamen; Napoleon ging, in einen grautuchenen Überrock gekleidet und mit übereinandergeschlagenen Armen, vor seinem Zelte auf und nieder und sah zuweilen nach den vorbeimarschierenden Truppen. An der Lisiere eines kleinen Gehölzes bezogen wir unser Biwak. Nach all den unzähligen Kämpfen und schweren Verlusten (das Regiment war unter die Hälfte seines Etats jetzt schon herabgesunken) stand man nun am Vorabend einer großen Entscheidungsschlacht. Die Franzosen haben den unleugbaren soldatischen Vorzug, daß sie fast immer heiter und voller Hoffnung sind und sich trüben Gedanken vor einer Schlacht nicht hingeben. So herrschte denn ein allgemeiner lauter Jubel im französischen Lager ...
Am 7. September des Morgens um 8 Uhr begann die Schlacht von Borodino; es war sehr schönes Wetter, man konnte das ganze Schlachtfeld übersehen. Die französischen Garde-Regimenter waren sämtlich im Paradeanzug, mit roten Federbüschen geschmückt, und standen bei Waluero in Kolonne. Unser Regiment ging rechts der großen Straße über Kolotscha gegen Schewardino vor. Mehrere Kavallerieangriffe wurden zurückgeschlagen, und namentlich warfen wir eine feindliche Kürassierkolonne, die sich eben einer unserer Batterien bemächtigen wollte. Späterhin hatten wir viel durch Artillerie- und Infanteriefeuer zu leiden und verloren an diesem Tage den Leutnant Meier I, der durch eine Kanonenkugel den Schenkel verlor, sich bald verblutete und starb, 10 Mann und 35 Pferde an Toten und 2 Offiziere, den Rittmeister v. Knoblauch und Leutnant Stiemer, sowie 22 Mann und 26 Pferde an Blessierten...“

Am Tage nach der Schlacht wurde das nur noch mit 288 Pferden in den Kampf gegangene Regiment in zwei Schwadronen, eine pommersche und eine brandenburgische geteilt. Nun waren die Züge nur noch 12 Rotten stark.
Vor Moskau deckten die Reste des Regiments die Straße nach St. Petersburg. In den anschließenden kleinen Kämpfen bis zur Schlacht bei Malo-Jaroslawel am 24. Oktober 1812 verlor das Regiment zahlreiche Reiter und Pferde. Leutnant v. Kalkreuth erzählt dazu in seinem Tagebuch:
„Unser Regiment war noch ungefähr 20 Pferde stark, bildete mit den übrigen Reitern der Division die Arriergarde. Der Marsch ging über Wereja und Moshaisk – es war nachts schon empfindlich kalt, und da der Feind stets dicht hinter uns war, auch bereits Artillerie herbeigeschafft hatte, wurde unsere Lage sehr bedauenswürdig. Mit vieler Mühe konnten wir das vorgefundene wenige Holz zum Brennen bringen, um uns zu erwärmen und den Mehlbrei, unsere einzige Kost, zu bereiten. – Auf dem Schlachtfeld von Moshaisk angekommen, wo noch sämtliche Tote gefroren lagen, bezogen wir das Biwak.
Hier wurde uns nach einer sehr kalten Nacht den folgenden Morgen die Nachricht, daß unser Regiment nun völlig aufgelöst werde und aus der Zahl der Kombattanten trete. Jeder noch übriggebliebene Offizier konnte mit seinem Burschen nach Willkür sich bewegen, doch wurde es uns freigestellt, ob wir uns an einen oder den anderen General anschließen wollten. Die Mehrzahl der Offiziere zog es vor, allein zurückzureisen, denn von einem Marsche konnte nicht mehr die Rede sein.“

Peter v. Colomb,
General der Kavallerie.

Seit diesem Tage existierte der zu Napoleons Großer Armee abgestellte Regimentsteil faktisch nicht mehr. Die restlichen Offiziere und Mannschaften schlugen sich gemeinschaftlich in Richtung Heimat durch. Unmittelbar nach dem Übergang über die Beresina starb am 29. November 1812 der Kommandeur, Oberst v. Czarnowski. Der verwundete Major v. Zieten und Leutnant v. Meyeringk gerieten in russische Gefangenschaft und verstarben dort. Am 22. Dezember trafen die wenigen Überlebenden des Regiments in Königsberg ein und marschierten dann nach Berlin. Im Rußlandfeldzug verlor das Regiment im Kampf an Toten: 2 Offiziere, 94 Husaren, 168 Pferde. Verwundet wurden: 14 Offiziere, 170 Husaren, 139 Pferde. Die übrigen kamen meist durch Hunger und Kälte um. Zum brandenburgischen Regiment kehrten als Reste der beiden kriegsstarken Eskadrons, die mit 12 Offizieren, 30 Unteroffizieren, 288 Husaren und 324 Pferden ausgerückt waren nur 5 Offiziere, 6 Unteroffiziere, 13 Husaren und 11 Pferde zurück.

Im Befreiungsjahr 1813 formierte auch das Brandenburgische Husaren-Regiment aus seiner Mitte ein Detachement Freiwilliger Jäger. Die Uniform war grün, die Abzeichenfarbe die des Regiments. Führer diese Jäger-Eskadron wurde der Rittmeister v. Colomb.
Im April war dann auch die Ersatzeskadron wieder formiert, deren Mannschaften aus Schlesien kamen und die von Juni ab in Berlin stand. Die zwei in Rußland vernichteten Schwadro-

nen mußten vollzählig ersetzt werden. Zum Glück gab es noch altgediente Offiziere aus dem Regiment v. Rudorff, die man zum Formierungsort Neumarkt in Schlesien einberufen konnte. Sie waren durch ihre Erfahrungen für die frisch eingezogenen Husaren sehr wertvoll. Ausrüstung und Bewaffnung wurden oftmals von Privatleuten geschenkt. Das Pferdematerial war teilweise sehr schlecht, ja selbst alte Wagengäule und schon ausrangierte Kavalleriepferde mußten einen Husarensattel tragen.
Die erste und zweite Schwadron des Regiments konnte schon im März ihren ersten Auftrag entgegennehmen. Unter Major v. Hobe marschierten sie ins Vogtland in die Nähe von Plauen und Schleiz, um dort die sich erneut sammelnden napoleonischen Truppen zu beobachten. Den ganzen April leisteten die verschiedenen Spähtrupps dem preußischen Hauptquartier unter Blücher wertvolle Dienste bei der Beobachtung der gegnerischen Bewegungen. Am Tage der Schlacht bei Großgörschen, am 2. Mai 1813, traf das Regiment gegen 3 Uhr nachmittags auf dem Schlachtfeld ein. Die zweite Schwadron wurde sofort zusammen mit der Garde-Kosaken-Eskadron in Richtung Leipzig zur Beobachtung vorgeschickt. Die beiden anderen Schwadronen schlossen sich dem Kavalleriekorps der verbündeten Russen und Preußen an, das leider stundenlang untätig stand und im Artilleriefeuer starke Verluste erlitt. Die brandenburgischen Husaren standen dabei relativ günstig, verloren nur 5 Pferde, und hatten zwei verwundete Husaren sowie 5 Pferde zu beklagen. Nach der Schlacht bildete das Regiment einen Teil der Nachhut. Als es am 20./21. Mai zur Schlacht bei Bautzen kam, gehörte das Regiment zu den Truppen, die am 21. Mai am Angriff auf den Ort Preititz teilnahmen. Dazu heißt es in einer zeitgenössischen Schilderung:
„Die drei Schwadronen brandenburgischer Husaren hatten die Spitze der Reiterei, die zum Angriff vorging. Sie gingen eilig durch das Dorf Burchwitz. Hinter demselben gelangten sie auf eine breite trockene Wiesenniederung der kleinen Spree. Die Schwadron von Sohr, welche die vorderste war, marschierte hier auf, um zunächst das Hervorkommen der übrigen zu decken. Etwa 800 Schritt vor der Front wurde das Terrain durchschnittener und war mit lichtem Gehölz besetzt. Vor demselben ging der Feind in einer langen, dichten Tirailleurkette vor, in dem Gehölz befanden sich zur Unterstützung zahlreiche Kolonnen, und auf den Höhen, die diese Niederung begrenzten, hatte sich die feindliche Schlachtlinie formiert.
Der Oberst v. Katzler befahl der Eskadron v. Sohr, als sie kaum aufmarschiert war, auf die feindliche Tirailleurlinie einzuhauen, welches nur en debandade geschehen konnte. Durch einen mutigen Angriff wurde der Feind in den Wald zurückgeworfen. Es konnte aber ein breiter Graben, welcher sich vor dem Waldrand befand, hinter welchen sich die Feinde retteten, schwer übersprungen werden. Sohr suchte auf seinem linken Flügel eine Umgehung vorzubereiten, wo ihm der Graben weniger breit schien, aber auch diese wollte nicht gelingen. Am Ende setzte ein Anzahl mutiger Reiter dennoch hinüber, welche die feindlichen Tirailleure auf ihre Kolonnen zurückwarfen.

Das Gefecht dauerte hier einige Zeit, und nach und nach kamen auch die übrigen Schwadronen noch zum Einhauen auf dem linken Flügel der Tirailleure. In diesem Zustande, wo das Husaren-Regiment beim Einhauen auf die Feinde völlig zerstreut war, kam der Befehl zum Rückzuge. Das Sammeln so nahe am Feinde war aber nicht leicht. Obgleich nun Sohr am längsten im Gefecht gewesen war, gelang es ihm am ersten, seine Eskadron in Zügen gesammelt zurückzuführen, so daß sie verwendet werden konnte, die äußerste Spitze der Arriergarde der nunmehr in vollem Rückzug begriffenen Armee zu bilden. Ruhig und sicher wurde der Auftrag ausgeführt.
Der Moment hatte sein Schauerliches, namentlich für den jungen Soldaten, welcher, der Übermacht weichend, sich kaum wieder gesammelt hatte.
Vor sich den in Masse vordringenden Feind, rechts und links die breiten Heersäulen rückgehender Kampfgenossen von allen Waffengattungen, überall beim Untergange der Sonne brennende Dörfer, vor sich ein enges zu passierendes Defilee über das Löbauer Wasser, dabei in dichten Zwischenräumen einschlagende Kanonenkugeln. Aber ruhig ging die Eskadron, rückwärts zu Dreien abgebrochen, als die allerletzten durch den Engpaß und ordnete sich, in Rechts umgesetzt, unmittelbar hinter demselben. Sie deckte darauf den weiteren Rückzug der Armee im Verein mit den beiden anderen Schwadronen auf der großen Straße nach Weißenberg."
An diesem Tag verlor das Regiment 4 Husaren, 8 Pferde, 1 Unteroffizier, 4 Husaren und 9 Pferde waren verwundet, 4 Husaren und 5 Pferde wurden vermißt. Nach dem Rückzug auf Breslau wurde das Regiment der Brigade Horn zugeteilt, die zum Yorckschen Korps gehörte. Am 4. Juni 1813 kam es dann zum Waffenstillstand. Bei Domslau stießen dann die 3. und 4. Eskadron wieder zum Regiment, das nun endlich wieder komplett war. Die Tage waren von der Gestellung von Feldwachen, Exerzierdienst und Vervollständigung der Ausrüstung geprägt. Am 7. August wurde der bisherige Regimentskommandeur v. Hobe als Oberst und Brigadekommandeur zum Bülowschen Korps versetzt, die Regimentsführung erhielt Major Prinz Friedrich von Hessen übertragen.

Nach Beendigung des Waffenstillstandes rückte das Yorcksche Korps im Verband der Schlesischen Armee vom 14. bis 21. August bis an die Katzbach vor. Hier kam es am 26. August zur berühmten Schlacht, bei der alle Eskadrons innnerhalb der Brigaden Horn und Hünerbein zum Einsatz kamen. Erstmals losgelöst von der Brigade Horn kämpften hier drei Eskadrons des Regiments unter der Führung des Obersten v. Katzler sehr erfolgreich. Im September folgten noch Gefechte bei Görlitz und Bischofswerda. Nach dem Elbübergang der Schlesischen Armee bei Wartenburg am 3. Oktober stieß das Regiment bis Delitzsch vor. Als es dann am 16. Oktober im Rahmen der Völkerschlacht zum Kampf bei Möckern kam, erhielt das Regiment auf dem Höhepunkt des Gefechtes, als die Franzosen die Überhand zu gewinnen drohten, den Einsatzbefehl durch General v. Yorck.

Der inzwischen das Regiment führende Major v. Sohr hatte beobachtet, wie die Bataillone der Brigade Steinmetz fluchtartig aus Möckern zurückwichen und Marschall Marmont seine starken Reserven in dichten Bataillonsmassen heranführte. Die drei Eskadrons schwenkten daraufhin rechts ab, stellten sich bei Möckern dicht hinter die Infanterie und hinderten diese am weiteren Zurückgehen. Plötzlich kam der General Yorck herangeritten und rief: *„Major Sohr, attackieren! Wenn die Kavallerie nicht noch etwas tut, so ist alles verloren!“* Hier zeigte sich Sohr als echter Reiterführer. Mitten im betäubenden Lärm eines rasenden Artillerie- und Infanteriefeuers, mitten im Wirrwarr einer schon drohenden Niederlage, wagte er dabei einem General gegenüber, der bekannt dafür war, keinen Widerspruch zu dulden, den Einwand, daß, wenn seine Attacke glücken solle, die Reservekavallerie, die noch bei Wahren stand, ihm folgen müsse. Nach kurzem Wortwechsel erhielt er die Zustimmung. Als danach wieder ein Adjutant Yorcks mit dem Befehl eintraf, sofort einzuhauen, erwiderte Sohr: *„Sagen Sie dem General, ich gäbe ihm mein Ehrenwort, ich würde einhauen, nur möchte er mir erlauben, den günstigsten Moment dazu auszuwählen.“*

Das geschah dann auch. In musterhafter Ordnung ging das Regiment in Linie vor. Durch den Pulverdampf tauchten zwei dunkle Massen auf, die sich langsam vorwärtsbewegten. Es waren zwei feindliche Karrees. Näher gekommen erkannte man an dem gelben Besatz der Tschakos, daß dies napoleonische Marinetruppen waren. Sohr gab sofort den Befehl zum Einhauen. Wie ein Ungewitter stürzten sich die Schwadronen auf den Feind. Zwei bis drei Salven der Franzosen gingen fast ohne Wirkung über die Köpfe. Im Nu war man am Feind und kämpfte mit der blanken Waffe. Die Pferde traten die feindlichen Infanteristen nieder und Hunderte sanken unter den erbitterten Hieben der Husarensäbel. Der flüchtende Rest blockierte das Feuer der eigenen Batterie, so daß die Husaren sechs Geschütze nehmen konnten. Eine Kugel hatte Sohr den rechten Arm zerschmettert, er nahm den Säbel in die linke Hand. Unmittelbar nach diesem Sieg drohte eine neue Gefahr. Die feindliche Kavallerie stand dem Regiment in der linken Flanke und griff heftig an. Auf das Signal Appell sammelte sich aber das Regiment rasch, und es gelang ihm, noch rechtzeitig die Schwenkung auszuführen und dem neuen Feind entgegenzutreten. Mittlerweile waren auch das Brandenburgische Ulanen-Regiment, Mecklenburgische Husaren und Litauische Dragoner herangekommen. Mit einem gewaltigen Stoß wurde nun die feindliche Kavallerie auseinandergetrieben und auf ihre Infanterie und Artillerie zurückgeworfen. Das Regiment ritt in der Folge noch mehrere Karrees nieder und eroberte 9 Kanonen und viele Munitionswagen. Da Sohr den ausdrücklichen Befehl gegeben hatte, wegen der geringen Stärke der Eskadrons sich nicht mit Gefangenen und eroberten Geschützen zu befassen, so blieben dort nur Verwundete zurück. So kam es, daß nach der Schlacht nur 15 Kanonen als vom Regiment erobert betrachtet wurden. Auch die 3. und 4. Eskadron, die auf dem linken Flügel zum Einsatz kamen, kämpften sehr tapfer

Preußische Husaren Ende März 1814 auf dem Montmartre.

und erfolgreich. Insgesamt verloren alle fünf Eskadronen in der Schlacht bei Möckern 10 Tote, 34 verwundete Husaren, dazu 20 tote und 39 verwundete Pferde.
Als Sohr zum Verbandsplatz ritt, begegnete ihm General Yorck, der ihm herzlich die Hand drückte und sagte: *„Ihnen allein habe ich den Sieg des heutigen Tages zu danken, und ich werde es Ihnen und Ihrem braven Regiment nie vergessen."*

Nach der Völkerschlacht war das Regiment an der Verfolgung der geschlagenen napoleonischen Truppen beteiligt, im November dann auch an der Belagerung von Mainz. Der ständige harte Einsatz hatte dabei viele Kräfte gekostet und die Ausrüstung in einen erbärmlichen Zustand versetzt. Nur mit Mühe konnte bis zum Jahresende wieder ein einigermaßen erträglicher Zustand hergestellt werden. Zusammen mit dem Yorckschen Korps wurde am 2. Januar 1814 der Rhein bei Kaub überschritten, um den Gegner nach Frankreich hinein zu verfolgen. Im Januar kämpften Teile des Regiments bei Thionville, dann bei Luxemburg. Über das Gefecht bei La Chaussée am 3. Februar 1814 berichtet ein Husar des Zieten-Regiments:
„Als wir aufmarschiert waren, wurde Fanfaro geblasen. Im Galopp erreichten wir den Rücken des vor uns liegenden Berges. Nun sahen wir dicht vor uns den Feind, 2 Kürassier-Regimenter und 1 Chasseur-Regiment in ihrer Mitte, rechts hinter ihnen 1 Batterie, die noch nicht schußfertig war.

Reitergefecht 1815 bei Versailles. Die preußischen 3. und 5. Husaren kämpften hier gegen weit überlegene französische Kavallerie.

Nun erst wurde 'Gewehr auf' kommandiert. Wie eine Windsbraut fielen wir über die Franzosen her; es war unser erstes anständiges Gefecht in Frankreich. Auf sechs Schritt Entfernung wurde von beiden Seiten Feuer gegeben. Es half etwas, aber die Franzosen hielten stand, und die Kürassiere lagen mit ihren langen Pallaschen in Stichparade so ruhig wie auf dem Fechtboden. Weichen mußten sie aber und hätten wir sie mit den Zähnen herunterreißen sollen. Kräftige Säbelhiebe in die Gesichter warfen sie in die Flucht." – Ein weiterer Höhepunkt bei den Kämpfen in Frankreich war die erfolgreiche Teilnahme des Regiments an der Schlacht bei Laon am 9. März. Dann war es an den Kämpfen um Paris am 29./30. März beteiligt. Nach dem Frieden von Paris erfolgte der Rückmarsch in die Rheinprovinz. Der Rest des Jahres 1814 war mit der Beseitigung der im Krieg erlittenen Schäden, der Auffüllung des Mannschaftsbestandes und des Pferdematerials sowie Ausbildungsmaßnahmen ausgefüllt.

Als im März 1815 Napoleon von Elba auf das Festland zurückkehrte und ein neuer Feldzug unausweichlich wurde, fand eine Vermehrung der preußischen Kavallerie statt. Die alten Kavallerieregimenter mußten je eine Eskadron zur Neubildung der zu errichtenden abgeben. Von den Brandenburgischen Husaren traf das Los die 2. Eskadron. Sie half das 8. Husaren-Regiment zu bilden, das sich in Koblenz zusammenfinden sollte. Auch im Offizierkorps gab es zahlreiche Veränderungen. Im April 1815 war das Regiment im Vorpostendienst an der französischen Grenze bei Sedan eingesetzt. Am 18. Mai wurde es nach einer Besichtigung durch Marschall Blücher der Reserve-

Kavallerie des II. Korps unter General v. Jürgaß zugeteilt und gehörte dort zur 2. Brigade unter Oberstleutnant v. Sohr. In der Schlacht von Ligny am 16. Juni 1815 kämpfte fast nur die 4. Eskadron.

In der Schlacht bei Waterloo (Belle Alliance) war das Brandenburgische Husaren-Regiment der Reservekavallerie zugeteilt. Der Marsch zum Schlachtfeld verzögerte sich, da die Pferde aufgrund der Anstrengungen der letzten Tage schon ziemlich erschöpft und auch die Wege durch Regen sehr stark aufgeweicht waren, so daß die Pferde oft bis an die Sprunggelenke einsanken. Erst gegen 18.00 Uhr wurde der Anschluß an die Reservekavallerie bei Placenoit gefunden, wo ein erbitterter Kampf zwischen preußischer und französischer Infanterie tobte. Gerade hatte die Alte Garde die Preußen wieder aus Plancenoit vertrieben und Napoleon den dritten Stoß gegen das englische Zentrum befohlen.
Oberstleutnant v. Sohr ließ seine Husaren im heftigsten Feuer aufmarschieren. Als er die weichende preußische Infanterie bemerkte, ließ er sofort seine Schwadronen vorgehen, um der Infanterie einen gewissen Halt zu geben. Infolge des entschlossenen Vorgehens der Brigade Sohr konnte sich die Infanterie wieder sammeln. Das Erscheinen der Korps Zieten und Pirch ermöglichte dann gegen 20.00 Uhr einen neuen Angriff der preußischen Infanterie und Plancenoit endgültig zu nehmen. Die Reiter Sohrs folgten. Die Nacht wurde im Biwak beim brennenden Plancenoit verbracht, da die Pferde und Mannschaften vollkommen erschöpft waren.
Am 19. Juni brach das Regiment bereits um 3.00 Uhr auf und bildete zusammen mit dem pommerschen Husaren-Regiment die Vorhut des II. Preußischen Korps, das gegen die noch bei Wavre stehenden Kräfte des Generals Grouchy vorgehen sollte. Später folgte man den Hauptkräften in Richtung Paris.

Am 1. Juli gerieten die Brandenburger Husaren bei Versailles in ziemlich heftige Gefechte mit französischen Truppen, die Verluste waren hoch. Im Regiment diente auch der älteste Sohn des Generals v. Yorck, der erst 16 Jahre alt war. Er wurde mit mehreren Husaren von der 4. Eskadron von zahlreichen französischen Chasseurs umringt. Auf die Aufforderung eines französischen Offiziers, sich zu ergeben, antwortete er: *„Je ne me rends pas, je me nomme Yorck“* (Ich ergebe mich niemals, ich bin ein Yorck!). Er wurde von einem französischen Pallasch durchbohrt und sank vom Pferd. Trotz der feindlichen Übermacht gelang es einigen Kameraden, den Verwundeten aus dem Getümmel zu bergen. Der Husar Reinhardt blieb dann bei ihm und brachte sogar einen Wagen, auf dem er den Verwundeten in Richtung Versailles transportierte. Unterwegs aber tauchte erneut französische Kavallerie auf. Der junge Yorck überredete Reinhardt, sich zu retten, während er vorübergehend in französische Hände geriet. Wenige Tage später starb er, von seinem Vater tief betrauert. Insgesamt verlor das Regiment hier an Toten zwei Offiziere, vier Unteroffiziere, einen Chirurgen und 14 Husaren, dazu kamen sieben verwundete Offiziere,

fünf Unteroffiziere, zwei Trompeter und 57 Husaren. Vermißt wurden 7 Husaren, gefangen waren 247 Husaren. Rittmeister v. Sohr konnte am 2. Juli nur noch 200 Mann sammeln und sie nach Poissy führen. Zum Glück kehrten die Gefangenen schon am 6. Juli aus Paris zurück, da die Stadt bereits am 3. Juli vor den Preußen kapituliert hatte. Nach Zwischenaufenthalten in der Normandie marschierte das Regiment nach Montdidier. Hier erreichte den Oberstleutnant v. Sohr eine Allerhöchste Kabinetts-Ordre, mit der er außer der Tour zum Oberst ernannt wurde.
Wenig später erhielt das Regiment einen königlichen Gnadenbeweis. Seit 1743 hatte das Regiment keine Standarte mehr geführt, da Friedrich II. diese Feldzeichen und ihre Bewachung als für die Husaren ungeeignet betrachtete. Nun verlieh König Friedrich Wilhelm III. dem Regiment für seine Verdienste in den Befreiungskriegen eine neue Standarte. Diese Auszeichnung erhielten nun alle Regimenter, die noch keine Fahne oder Standarte hatten und sich vor dem Feind bewährt hatten. Am gleichen Tag wurde auch der Abschiedsbefehl des Fürsten Blücher von der Armee verlesen, der da lautete:
„Ich kann die Armee, die jetzt auf dem Rückmarsch in ihre Heimat begriffen ist, nicht verlassen, ohne Euch, brave Soldaten, mein Lebewohl und meinen Dank zu sagen. Als Se. Majestät der König mir das Kommando der Armee aufs neue anvertraute, so folgte ich diesem ehrenvollen Rufe mit Vertrauen auf Eure so oft geprüfte Tapferkeit. Ihr habt diese bewährt, Soldaten! Und das Zutrauen gerechtfertigt, das der König, das Vaterland, Europa in Euch setzten. Eingedenk Eurer hohen Bestimmung habt Ihr den alten Ruhm zu verherrlichen gewußt und einen so schweren Kampf in so wenigen Tagen beendigt, daß kaum die Nachricht vom Beginn derselben Eure Heimat erreicht hat.
Ihr seid des Namens Preußen, Deutscher wert. Nehmt meinen Dank, Kameraden, für den Mut, für die Ausdauer und die Tapferkeit, die Ihr bewiesen und womit Ihr so herrliche und große Erfolge in so kurzer Zeit erkämpft habt.
Der Dank Eurer Mitbürger wird Euch bei Eurer Rückkehr empfangen, und indem Ihr die verdiente Ruhe genießt, wird Euch das Vaterland zu neuen Taten bereitfinden, sobald es wieder Eures Armes bedarf."

Aber noch konnte das Brandenburgische Husaren-Regiment nicht in die Heimat zurückkehren, denn es gehörte zur sogenannten Okkupationsarmee, die noch in Frankreich stehenblieb, bis die Friedensbedingungen ausgehandelt waren. Die Husaren standen nun in St. Mihiel im Departement der Maas. Im Dezember kehrte der immer noch an seiner Verwundung leidende Oberst v. Sohr nach Berlin zurück. Neuer Kommandeur wurde Major v. Klinkowström.

In St. Mihiel hatte das Regiment eine Stärke von 601 Mann, davon waren 41 Ostpreußen, 60 Schlesier, 423 Brandenburger, 18 Pommern, 15 Westfalen, 16 Rheinländer und 28 Ausländer. Dem Alter nach waren 34 unter 20 Jahre, 335 zwischen 20 und

25 Jahre, 154 zwischen 25 und 30 Jahren, 66 zwischen 30 und 40 Jahren sowie 12 über 40 Jahre. Die Dienstzeit betrug bei 55 länger als 10 Jahre, bei 61 über 5 Jahre, bei 352 über 3 Jahre, bei 38 über 2 Jahre, bei 48 rund ein Jahr, 47 Mann waren Rekruten. Nach der Religion waren 23 Reformierte, 548 Lutheraner, 29 Katholiken und 1 jüdischen Glaubens. Immerhin 49 hatten bereits den Feldzug von 1806/07 mitgemacht. Schreiben und lesen konnten 270 Mann, französisch sprechen 29, polnisch sprechen 8.
Der Gesamtverlust des Regiments in den Befreiungskriegen betrug an Toten: 4 Offiziere, 10 Unteroffiziere, 69 Husaren, 217 Pferde; Verwundeten: 14 Offiziere, 24 Unteroffiziere, 4 Trompeter, 162 Husaren, 161 Pferde; Vermißten: 2 Offiziere, 1 Unteroffizier, 58 Husaren, 204 Pferde.
An Auszeichnungen hatte das Regiment erhalten: Eisernes Kreuz I. Klasse: 9 Offiziere; Eisernes Kreuz II. Klasse: 33 Offiziere, 48 Unteroffiziere und Husaren. 10 Unteroffiziere und Husaren haben den russischen St. Georgs-Orden 5. Klasse erhalten.

Nach den Befreiungskriegen bis 1863

Das ganze Jahr 1816 stand das Regiment noch in Frankreich, bis zum 27. September in St. Mihiel, dann in Commercy. Am 5. November erhielt das Regiment den Namen „3. Husaren-Regiment (Brandenburgisches)".

Am 1. Juni 1818 marschierte das Regiment nach Sedan, wo vor dem König Manöver stattfanden, die mit einer Parade endeten, an der auch der Kaiser von Rußland und der Herzog von Wellington teilnahmen. Danach begann der Rückmarsch in die Heimat. Ende November 1818 erreichte das Regiment endlich wieder preußischen Boden. Viele Husaren hatten nach über drei Jahren wieder den ersten Kontakt zu ihren Familien. Der Stab kam nun vorübergehend nach Mönchengladbach, die 1. Eskadron nach Rheindalen, die 2. nach Rheidt, die 3. nach Viersen, die 4. nach Wickrath. Hier wurde das Regiment demobilisiert und der 6. Division sowie der 6. Kavalleriebrigade unter General v. Borstell zugeteilt.

Im Juli 1819 wechselte das Regiment nach Düsseldorf und übte im Herbst bei Wesel. Am 20. September 1820 endlich wurde der Marsch nach Brandenburg angetreten. Am 24. und 25. Oktober traf das Regiment in seinen Friedensgarnisonen ein. Der Stab und die 3. Eskadron kam nach Düben, die 1. nach Kemberg, die 2. nach Schmiedeberg, die 4. nach Dommitzsch, ein Jahr darauf nach Torgau. Nunmehr begannen lange Jahre eines ziemlich eintönigen Garnisondienstes, nur unterbrochen von den Herbstübungen beim III. Preußischen bzw. beim Gardekorps. 1823 erhielt das Regiment als Auszeichnung den Herzog von Cumberland, den späteren König von Hannover, zum Chef.

Husar vom Brandenburgischen Regiment vor 1860.

Im Revolutionsjahr 1830 kam es zu einer Mobilmachung, die jedoch nicht zu einem Kampfeinsatz im Westen führte. Am 1. April 1832 schied nach 17 Jahren Kommandeurstätigkeit der Oberst v. Klinkowström aus, seine Stelle übernahm der Major Frhr. v. der Horst, der das Regiment bis 1841 führte. Nunmehr übernahm Major Frhr. v. Dobeneck das Kommando.

Seit 1810 wurde von den Brandenburger Husaren die graue, lange Hose getragen, die die sogenannte ungarische ersetzt hatte und bis 1867 zur Uniform gehörte. Anstelle der Pelzmütze mußte der wenig beliebte Tschako getragen werden. Entsprechend einer Königlichen Kabinetts-Ordre durften die Offiziere als Interimsanzug (im Dienst getragener Überrock) einen grauen Rock mit rotem Kragen tragen, der wenig Husarisches an sich hatte. 1843 erfogte der Austausch der blauen Dolmans mit roten. Im gleichen Jahr wurden in Erinnerung an das alte Regiment Pelzmützen mit rotem Kolpak eingeführt. 1854 erfolgte eine neue Uniformierung mit Pelzmützen, roter Attila sowie roten und weißen Schärpen und ledernen Säbeltaschen. Die alten Pelze trug man auf, die letzten wurden noch im Winter 1865/66 benutzt.

1843 hatte Oberst v. Dobeneck das Kommando über das Regiment an den Freiherrn v. d. Goltz übergeben. Im Frühjahr 1848 wurde dann der Prinz von Solms-Braunfels neuer Kommandeur. Nach 33 Friedensjahren kam es 1848 nun wieder zu einem Kampfeinsatz des Husaren-Regiments, diesmal im Rahmen der Bundesexekution der Truppen des Deutschen Bundes gegen Dänemark, das die Unabhängigkeitsbestrebungen in Schleswig-Holstein mit Gewalt zu unterdrücken versuchte. Zuerst wurden die 3. und 4. Eskadron aus Düben nach Schleswig in Marsch gesetzt, ihnen folgten später die 1. und 2. Eskadron. Bereits am 18. April trafen die 3. und 4. Eskadron nach einem anstrengenden Marsch in Rendsburg ein. Die Schwadronen des Brandenburgischen Husaren-Regiments wurden der Garde-Brigade unter dem General v. Möllendorf zugeteilt. Am 23. April kam es zur ersten Feindberührung und erste Gefangene wurden von den Husaren eingebracht. Nach einigen kleineren Gefechten gelang es einer 40köpfigen Abteilung des Regiments unter Leutnant v. Roos weit hinter den gegenerischen Linien im Handstreich einen hohen dänischen Beamten festzunehmen und bis zu den preußischen Linien zu bringen. Vorwiegend im Patrouillendienst an der jütländischen Grenze eingesetzt, kam es bei den Husaren nur zu kleineren Scharmützeln, die zum Glück außer einigen Verwundungen, keine Verluste brachten. Bereits am 31. August kam es zum Waffenstillstand, das Regiment marschierte durch Mecklenburg über Rathenow nach Düben zurück und wurde dann während der revolutionären Unruhen im Herbst 1848 als fliegende Kolonne in der Lausitz eingesetzt.

1849 war das Regiment während des Feldzuges gegen die Truppen der Aufständischen in Baden im Rahmen des II. preußischen Korps unter General Graf v. der Groeben eingesetzt. Am 22. Juni gelang der 4. Eskadron durch einen typischen „Husarenstreich“ die Überrumpelung der Insurgenten in der Stadt Mannheim. Später war das Regiment noch an der Belagerung der Festung Rastatt beteiligt. Der Rückmarsch in die Garnisonen erfolgte erst im Frühjahr 1850.

Zieten-Husar nach 1870.

1851 erhielt das Regiment als neue Standorte die Städte Rathenow und Nauen zugewiesen, die es mit je zwei Eskadronen belegte. Der Stab befand sich in Rathenow. Nach dem Tod von König Ernst August von Hannover wurde sein Nachfolger, Georg V., Inhaber des Regiments. 1853 wurde Oberstleutnant v. Griesheim Regimentskommandeur, allerdings nur bis 1854, als diese Funktion Oberstleutnant v. Pfuhlheim übernahm.
Am 23. November 1857 wurden dem Regiment durch eine Königliche Kabinettsordre ein Paar kupferne Kesselpauken zurückgegeben, die 1821 an das Königliche Kriegsministerium hatten abgegeben werden müssen.
1858 wurde Graf v. der Groeben Kommandeur des Regiments. 1859 war das Regiment im Rahmen der Mobilmachung eines drohenden Krieges mit Frankreich bereits auf dem Marsch zum Rhein. Der Friedensschluß Österreichs mit Frankreich machte einen Kampfeinsatz unnötig. Als Folge der Mobilmachung und der sich dabei herausstellenden Mängel kam es in der preußischen Armee zu einer Reorganisation. Zur dabei erfolgenden starken Vermehrung der Kavallerieverbände mußte das Regiment eine Eskadron zur Bildung des 6. Dragoner-Regiments abgeben. 1860 mußte nach Losentscheid die 2. Eskadron aus dem Regimentsverband ausscheiden. Dadurch wurde Nauen als Garnison überflüssig. Die 3. Eskadron kam nun ebenfalls nach Rathenow, die 4. nach Friesack. Im selben Jahr fand auf den Siptitzer Höhen aus Anlaß des 100. Jahrestages der Schlacht bei Torgau im Siebenjährigen Krieg eine große militärische Feier statt, an der eine repräsentative Delegation des Regiments unter Graf v.d. Groeben teilnahm. Hier erhielt das Regiment folgende Kabinettsordre:
„Ich will zum ehrenden Andenken an den General der Kavallerie v. Zieten, welcher heute vor 100 Jahren mit seinem Regiment entscheidend zum Sieg der preußischen Waffen beigetragen hat, dem aus dem Zietenschen Leib-Husaren-Regiment hervorgegangenen Brandenburgischen Husaren-Regiment (Nr. 3) die Benennung:
Brandenburgisches Husaren-Regiment (Zietensche Husaren) Nr. 3 beilegen. Ich hege das Vertrauen, daß das Regiment fortfahren wird, bei vorkommenden Kriegsereignissen und unter allen Verhältnissen den ehrenvollen Taten seines Stamm-Regiments nachzueifern.

Berlin, den 3. November 1860.
gez. Wilhelm.“

In den Folgejahren wurde verstärkt auf die Einzelausbildung der Husaren Wert gelegt. Die Gewandtheit des einzelnen Reiters sollte erhöht werden. Dazu dienten auch die neu eingeführten Ausbildungsfächer Turnen und Fechten. Gefördert

Prinz Friedrich Karl von Preußen in der Uniform der Zieten-Husaren.

wurde diese Art der Ausbildung besonders vom Prinzen Friedrich Karl von Preußen, der das III. Armeekorps kommandierte und in den Manövern eine hohe Leistungsfähigkeit der Kavallerie erreichte. Am 12. Januar 1861 wurde dem Regiment per Kabinettsordre für seine ehrenvolle Beteiligung an den Feldzügen in Holstein und Schleswig sowie in der bayrischen Pfalz und im Großherzogtum Baden das Band des Militär- Ehrenzeichens mit Schwertern an einer Standarte verliehen.

1863 wurde der Prinz Friedrich Karl á la suite des Regiments gestellt und trug nun demzufolge die Uniform der Zieten-Husaren. Im gleichen Jahr führte das Regiment während eines Marsches in Wustrau am Grab ihres Namensgebers eine Ehrung durch. Eine auf dem Friedhof aufgestellte Gedenktafel erinnert noch heute daran. Seit jenem Tag wurde es im Regiment Brauch, dem alten Chef, sobald man in der Nähe von Wustrau war, seine Reverenz am Grab zu erweisen. Anläßlich der 50-Jahrfeier der Völkerschlacht bei Leipzig erhielt das Regiment vom Prinzen Friedrich Karl einen Festgruß:

„Als heute vor fünfzig Jahren mehr als der fünfte Teil des Yorckschen Korps tot oder blutend das Schlachtfeld bedeckte, entschied das Brandenburgische Husaren-Regiment, den General Yorck und seinen Kommandeur, den Oberst v. Sohr, an der Spitze, durch seine Attacke den Sieg. Ich wünsche meinen Husaren, die auch jetzt noch die alten sind, Glück zu diesem Ehrentage.

gez. Friedrich Karl – Prinz von Preußen"

In den Kriegen von 1864, 1866 und 1870/71

1864 zogen sich wieder Kriegswolken über Preußen zusammen. Im Krieg mit Dänemark um Schleswig-Holstein traf das Regiment am 21. Januar 1864 in Plön ein. Im Rahmen der Vorhut eingesetzt, waren die Husaren an den Gefechten bei Flensburg (7.2.1864), an der Aufklärung gegen die Düppeler Schanzen (9.2.1864) sowie an deren Erstürmung (18.4.1864) beteiligt. Nach dem Waffenstillstand vom 12. Mai bis zum 26. Juni wurde das Regiment am 28. Juni mit Hilfe von Booten auf die Insel Alsen übergesetzt und klärte dort auf. Danach blieb es bis zum Frieden am 2. August auf Posten in Jütland, dann in Quartieren bei Hadersleben. Am 1. Dezember rückte das Regiment wieder in Rathenow ein, von den Einwohnern begeistert begrüßt. Die Standarte des Regiments erhielt als einzige Einheit der preußischen Kavallerie das Band des Düppel- und Alsenkreuzes.

1866 kam es zum Krieg zwischen Preußen und Österreich. Am 21. Mai verließ das mobilgemachte Regiment Rathenow in Richtung Böhmen. Nach Zwischenaufenthalten in der Lausitz

wurde am 8. Juni Reichenbach in Schlesien erreicht. Das Regiment gehörte zum Kavalleriekorps der Ersten Armee unter dem Prinzen Albrecht. In der 2. Division war es zusammen mit den 2. Garde-Dragonern und dem 11. Ulanen-Regiment, die die zweite leichte Brigade bildeten. Geführt wurde diese vom Herzog Wilhelm von Mecklenburg.
Bis zum 18. Juni erfolgte dann der Vormarsch zur böhmischen Grenze, die am 23. Juni überschritten wurde. Am 26. Juni kam es im Rahmen einer Erkundung gegen Liebenau und Turnau zur ersten Feindberührung, die Verwundete forderte.
Nach dem weiteren Vormarsch an die Iser kam es am 30. Juni zum Gefecht bei Jicinowes, bei denen die 1. und die 3. Eskadron zahlreiche österreichische Bagagewagen eroberte und Gefangene einbrachte. Am 1. und 2. Juli erfolgte das weitere Vorrücken in Richtung Königgrätz.. Am 3. Juli wurde das Regiment um 2 Uhr früh alarmiert, ihm sodann die Proklamation des Königs an die Armee verlesen. Zwischen 4 und 5 Uhr erfolgte der Vormarsch zur Schlacht bei Königgrätz. Nach Überschreitung der Bistritz mußte lange auf einen Kampfeinsatz gewartet werden. Zuerst ging das 3. Dragoner-Regiment vor, wurde aber schon bald von überlegener österreichischer Kavallerie geworfen. Zusammen mit den 11. Ulanen ritten nun auch die Zieten-Husaren vor. Mit der blanken Waffe griffen sie die hier stehenden österreichischen Kürassiere an. Noch 100 Meter auseinander, erhielt der Standartenträger einen Streifschuß, so daß die Standarte fast durch zwei gegnerische Kürassiere erobert werden konnte, da der Verwundete sich nur schwach verteidigen konnte, erst das Eingreifen des Sergeanten Kaller sicherte das Regimentszeichen. Beim Dorf Langenhof konnte sich die 2. Eskadron auszeichnen. Nun sammelten sich auch die anderen Eskadronen bei diesem Ort. Man stellte fest, daß die Verluste relativ gering waren, denn den Boden bedeckten zahlreiche Reiter, die den weißen Kürassiermantel der Österreicher trugen. Die Husaren hatten sich während des Gefechts verständigt, mit ihren Säbeln zu stechen, da Hiebe durch die dicken Reitermäntel kaum durchdrangen. Insgesamt verlor das Regiment in der Schlacht von Königgrätz 30 Tote und Verwundete. Auf dem Schlachtfeld wurde auch biwakiert. Vom 5. bis 11. Juni waren die Zieten-Husaren zur Verfolgung des Gegners in Richtung Brünn eingesetzt, danach ging es weiter in Richtung Wien. Der Abschluß des Vorfriedens am 27. Juni beendete die Gefechte. Am 31. Juli nahm das Regiment an einer vor König Wilhelm I. auf dem Marchfeld vor Wien durchgeführten Parade mit 100.000 Mann teil. Danach wurde in die in die Heimat zurückmarschiert. Am 29. September erfolgte der triumphale Einzug in Rathenow. Zahlreiche Offiziere, Unteroffiziere und Husaren erhielten Auszeichnungen. Am 12. Dezember wurde dem Regiment das Band für die Standarte, das zwei aufrecht übereinanderstehende Schwerter zeigte, verliehen.

Im Rahmen der nach diesem Krieg angeordneten Vermehrung der preußischen Kavallerie um 16 Regimenter, mußte die 2. Eskadron erneut für die Bildung eines Regiments, diesmal

Die Zieten-Büste von Begas im Innenhof der Rathenower Kasernenanlage.

Zieten-Husaren zwischen 1905 und 1913.

Husaren - Rgt. von Zieten (Brandenb.) Nr. 3.
Kesselpauker zur Parade
Die von dem alten R. 2 bei Kath.-Hennersdorf eroberten Pauken wur-den dem R. wieder ver-liehen am 23. 11. 1857.
Kr.

der 12. Dragoner, abgegeben werden. Mit der Bildung der neuen Eskadron wurde gleichzeitig auch die Errichtung einer 5. Eskadron begonnen. Dies war für alle Regimenter angeordnet, da im Kriegsfall zukünftig die 5. Eskadron als Ersatzeskadron in der Garnison bleiben sollte. Auch diese neue Eskadron kam nach Rathenow.

Aus den Kriegserfahrungen heraus wurden an Ausrüstung und Uniformierung verschiedene Veränderungen abgeleitet. Die bisherige lange und weite Reithose mit dem Trittriemen wurde durch eine eng anschließende Hose sowie durch hohe Stiefel ersetzt. Die Farbe des Tuches war dunkelblau mit weißer oder gelber Borte. Die Stiefel erhielten ebenfalls solche aus Leder, vorn eine Rosette. Die geraden Sporen wurden durch gekrümmte ungarische ersetzt. Die bisherigen hohen Pelzmützen wurden durch niedrigere ersetzt, dabei Vorder- und Hinterschirm weggelassen. Neue Einsatzgrundsätze für die Kavallerie formulierte Prinz Friedrich Karl.

1867 wurde der bisherige Kommandeur, Oberst v. Kalckreuth, verabschiedet, seine Stelle übernahm der vom 1. Garde-Ulanen-Regiment kommende Major v. Zieten, ein Namensvetter des großen Ahnherrn der Husaren. 1868/69 nahm das Regiment an den Korpsmanövern bei Pritzwalk bzw. Müncheberg teil.

Am 14. Juli 1870 überraschte die Kriegserklärung Kaiser Napoleons II. auch die Husaren vom Zieten-Regiment. Am 24. Juli war die Mobilmachung beendet, die 3. Eskadron blieb als Ersatzeskadron zurück, während die anderen am 25. abmarschierten und am nächsten Tag von Brandenburg aus im Bahntransport nach Bingen gelangten. Das Regiment gehörte zur 15. Kavallerie-Brigade der 6. Kavallerie-Division der II. Armee. Die 15. Brigade führte Generalmajor v. Rauch, die 6. Kavallerie-Division der Herzog von Mecklenburg. Die II. Armee befehligte Prinz Friedrich Karl.

Am 1. August wurde der Oberstleutnant v. Zieten zum Oberst befördert. Am selben Tag erfolgte der Abmarsch zur französischen Grenze. Ab dem 3. August befand man sich in ständiger Feindberührung in der Nähe von Saarbrücken, in das man am 7. August einrückte. In den folgenden Tagen waren die Husaren auf Erkundung in Richtung der Festung Metz eingesetzt. Bei Mars la Tour wurde dann am 16. August während der sogenannten Mitagsattacke der Regimentskommandeur, Oberst v. Zieten, so schwer verwundet, daß er daran am 24. August verstarb. An der am späten Abend erfolgenden zweiten Attacke war das Regiment erneut beteiligt. Bei dem Angriff auf Rezonville erlitt das Regiment die höchsten Verluste seiner Geschichte, denn bei Zorndorf bzw. Kunersdorf kämpfte das Regiment mit mehr Eskadrons. Tot waren: 3 Offiziere, 51 Mann und 133 Pferde; verwundet: 5 Offiziere, 88 Mann und 34 Pferde; vermißt: 1 Offizier, 21 Mann und 32 Pferde. Von den 500 Mann zu Beginn des Gefechts verlor das Regiment 9 Offiziere, 160 Mann, 211 Pferde.

Bis zum 25. August stand das Regiment dann vor der Festung Metz, bevor es den Auftrag erhielt, den Eisenbahntunnel bei Longuyon zu sprengen, die Festungen Longwy und Montmedy zu beunruhigen und die belgische Grenze aufzuklären. Bis zum 4. September folgten weitere Aufklärungsritte, bevor man im Verband der Maas-Armee auf Paris vorrückte. Bereits ab dem 16. September stand das Regiment vor Paris und führte dann wieder Erkundungspatrouillen durch. Diese Tätigkeit war für die folgenden Wochen kennzeichnend. Zu einem größeren Gefecht kam es erst wieder am 8. Dezember 1870 bei Bourges, als die 3. Eskadron einen Angriff ritt. Das Jahresende verbrachte das Regiment in Quartieren bei Orleans. Im Januar 1871 beteiligte sich das Regiment an den Kämpfen bei Le Mans, bevor am 30. Januar die Nachricht vom Waffenstillstand eintraf, dem am 2. März der Frieden folgte. Danach gehörten die Zieten-Husaren zu den Truppen, die bis zur Begleichung der Kriegskontributionen durch Frankreich als Besatzung in Feindesland verblieben. Am 16. April 1871 übernahm Major v. Rauch das Kommando über das Regiment. Am 16. Juni 1872 erfolgte auf dem Schlachtfeld von Vionville die Einweihung des zu Ehren der Gefallenen des Regiments gestifteten Denkmals in Anwesenheit des gesamten Offizierkorps, der Trompeter und starker Delegationen der Eskadrons. Das Denkmal bestand aus einem Obelisk, der auf einem viereckigen Sockel ruhte, zu dem mehrere Stufen führten und auf dem die Namen der Gefallenen eingraviert waren.

Am 7. November erhielt das Regiment als Geschenk des Prinzen Friedrich Karl eine Garnitur Pelze von blauem Tuch mit weißen Schnüren und weißer Peitsche. Der Pelzvorstoß sowie Besatz bestanden aus grauem Krimmer. Die Paradeuniform war nun wieder fast so prächtig wie zu Zeiten Friedrichs des Großen.

Im Juli 1873 traf endlich der lang ersehnte Befehl über den Rückmarsch in die Heimat ein. Am 5. August erreichte man Brandenburg, wo man nach kurzer Rast abmarschierte und am 7. August 1873 nach über dreijähriger Abwesenheit unter dem Jubel der Bevölkerung wieder in Rathenow eintraf.

Nach erfolgter Demobilisierung ging es an die Reorganisation von Mannschaften und Ausbildung. Bis auf die 4. Eskadron, die in Friesack stand, waren nun alle Zieten-Husaren in Rathenow stationiert. Bereits am 31. August 1873 erfolgte die Einweihung eines Denkmals für die gefallenen Mitbürger und Husaren, das die Stadt Rathenow gestiftet hatte. Vor dem Platz am Schulgebäude stand nun ein von einem Adler gekrönter Obelisk.

Eine Abordnung der Zieten-Husaren 1928 anläßlich der 600-Jahrfeier von Friesack in ihrer alten Garnisonstadt.

Friesack als Garnisonort

In der damals kleinen Ackerstadt Friesack war die dort garnisonierte Eskadron des Zieten-Regiments vollkommen dezentralisiert untergebracht. Allein 15 verschiedene Ställe waren über das Stadtgebiet verstreut. Vier davon lagen in unmittelbarer Nähe des Reitplatzes, gegenüber dem damaligen Lazarettgebäude. Einer dieser vier Ställe fungierte als „der große Stall", da er Platz für 40 Pferde hatte, daneben befand sich die Schmiede. Die übrigen elf Ställe wiesen nur jeweils Platz für drei bis acht Pferde auf und befanden sich in allen Teilen Friesacks. Die kleinen Ställe waren zudem durchweg in schlechtem Zustand, klein, muffig und aus Fachwerk gebaut.

Die Mannschaften lagen einzeln in Bürgerquartieren, die in bestimmten Zeiträumen mit anderen getauscht wurden, damit die Einquartierungslast einigermaßen gerecht in der Bevölkerung verteilt wurde. Die Schlafräume befanden sich zumeist in einem hierzu speziell hergestellten Verschlag aus Holz auf dem Boden des Hauses. Außerdem besaß der Husar das Recht, sich in den Wohnräumen seines Quartierwirtes aufzuhalten.

Der Weg zum Stall war für einzelne Husaren ziemlich weit, so daß für den Hin- und Rückweg zum Stall- bzw. Reitdienst sehr viel Zeit verlorenging. Hinzu kam, daß der normale Felddienst meist in der Nachbarschaft des großen Stalles abgehalten wurde. Wie man einmal überschlagen hat, war der am ungünstigsten untergebrachte Husar zwei Stunden in Holzpantinen und auf schlechten Wegen unterwegs, um seinen Stalldienst zu verrichten.

Die Eskadronkammer und die Wache befanden sich im Rathaus. Die Reitplätze waren zwar gut, die Reitbahn aber dafür sehr klein. Sogar ein Springgarten mit einem Breit- und Hochsprung war vorhanden. Vom Regimentskommdeur, Oberst v. Rauch, wurde darauf geachtet, daß zur detachierten Eskadron in Friesack alle paar Jahre neue Offiziere wechselten, damit jeder diese Erfahrungen machen konnte und möglichst alle Offiziere diesen Außenposten des Rathenower Regiments durchliefen, wo der Dienstalltag doch anders war als in Rathenow, weil Friesack einfach als zu provinziell angesehen wurde.

***

1874 wurde den Zieten-Husaren durch den Prinzen Friedrich Karl als Ersatz für die im Krieg von 1806 verlorengegangenen Pauken, die einst General v. Zieten bei Katholisch-Hennersdorf erobert hatte, ein Paar prachtvoll gestaltete silberne Kesselpauken übersandt. Die aus getriebenem Silber gearbeiteten Pauken zeigten die Medaillons der preußischen Könige seit Friedrich dem Großen und die Widmung: „General-Feldmarschall Prinz Friedrich Karl seinem Zietenschen Husaren-Regiment 1873".

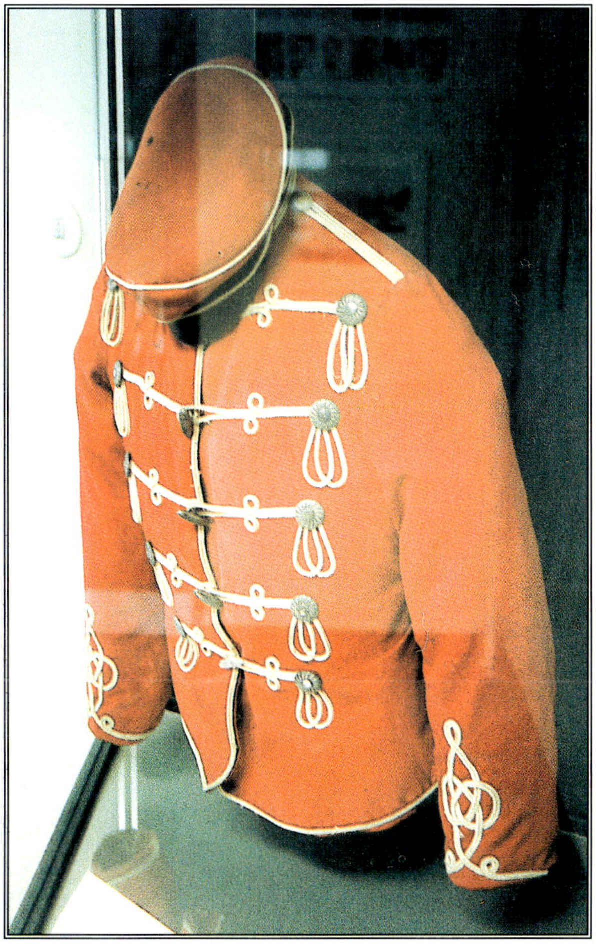

Uniformen, Mützen, Kesselpaukenbehang und die silbernen Kesselpauken der Zieten-Husaren im Kavalleriemuseum in Vornholz (Westfalen).

Rathenow als Garnison nach dem Krieg von 1870/71

1874 hatte sich auch der Garnisonort Rathenow äußerlich noch kaum verändert, aber die Husaren waren nun schon fester und akzeptierter Bestandteil im städtischen Leben. Die Stadt war im wesentlichen durch die vier Stadttore – Jederitzer-, Berliner-, Brandenburger- und Havel-Tor – begrenzt. Abends wurden noch immer die Tore geschlossen. Wer erst spät in der Nacht eintraf, mußte sich durch lautes Klingeln Einlaß verschaffen. Erhielt ein Husar z.B. von zu Hause ein Paket mit Lebensmitteln, so mußte er dafür am Berliner Tor sogar Zoll bezahlen, denn noch immer existierte die von der Stadt erhobene Mahl- und Schlachtsteuer.

Auf dem Platz der heute noch stehenden Husarenkasernen dehnten sich damals weite Felder. Der Bahnhof lag weit außerhalb der Stadt. Betrat man das damals nur wenige Tausend Einwohner zählende Städtchen durch das Berliner Tor, so stieß man häufig auf die 1. Eskadron, die auf dem damaligen Zie-

tenplatz zu Fuß exerzierte, auch auf dem Bauplatz exerzierte eine Eskadron. In den Querstraßen und Gassen waren in engen Ställen die Pferde untergebracht. Die Husaren schliefen in den Häusern der Bürger in kleinen Stübchen unter dem Dach. Zwischen einem und drei Husaren befanden sich bei einem Quartierwirt. Gewöhnlich wurde um 21.00 Uhr zur Retraite (das abendliche Trompetensignal für die Kavallerie) geblasen. Die vollkommen dezentrale Lage aber machte eine Kontrolle über die Befolgung des Signals schwer möglich.
Der auch später genutzte Reitplatz dehnte sich damals über die Straße am Schützenhaus und war von einer Galoppierbahn umgeben, die besonders nach der winterlichen Ruhepause zum Konditionieren der Pferde diente. Beim Exerzieren hatten die vier Rathenower Eskadronen ständig mit dem beengten Raum ihre Probleme. Der kleine Dienst, Voltigieren (Spring- und Schwenkübungen), Zielübungen usw. mußten ebenfalls auf öffentlichen Plätzen abgehalten werden. So turnte eine Eskadron z.B. unmittelbar vor dem Eingang zum Kirchhof.

Das Pferdematerial war zu diesem Zeitpunkt auch ziemlich schlecht, so daß die Dressur der frischen Pferde (Remonten) nur sehr langsam erfolgte und mit dem Galoppieren erst nach

Oberst v. Kiszycki und Husaren in historischen Uniformen mit Nachbildungen von in den Schlesischen Kriegen von den Zieten-Husaren erbeuteten Fahnen und Standarten anläßlich des Regimentsjubiläums 1905.

Standartenträger der Zieten-Husaren nach 1891.

Einjährig-Freiwilligen-Gefreiter vom Husaren-Regiment Nr. 3 im Dienstanzug

einem Jahr begonnen wurde. Das leichte Traben wurde zwar in der Armee als disziplinschädigend angesehen, trotzdem aber geübt, da dies von den Reitern schneller zu erlernen war. Die noch aus der Kriegszeit stammenden ziemlich großen und schweren Pferde wurden immer mehr durch kleine, leichte Pferde ersetzt. Als sportliche Veranstaltung wurden damals Schnitzeljagden veranstaltet sowie Unteroffiziersrennen abgehalten, die dann aber wenig später verboten wurden.

Am vierten Jahrestag der Schlacht von Vionville (Mars la Tour), die dem Regiment so viele Opfer gekostet hatte, fand in der Kirche mit einem feierlichen Gottesdienst die Einweihung der Gedenktafeln zu Ehren der gefallenen Kameraden statt. Am gleichen Tag wurde dem Verein ehemaliger Zieten-Husaren durch Oberstleutnant v. Rauch am Denkmal auf dem Kurfürstenplatz eine eigene Fahne übergeben.
Im Herbst nahm das Regiment am Divisionsexerzieren der 5. und 6. Kavalleriebrigade bei Müncheberg teil.
Am 21. Oktober 1874 erschien die vom Baron v. Ardenne erarbeitete erste Auflage der Geschichte des Zieten-Husaren-Regiments.

Im März 1875 fand die Beerdigung des früheren Kommandeurs, des Obersten v. Griesheim, in Wagenitz statt, an der eine Delegation des Regiments teilnahm. Auch an der Grundsteinlegung am 18. Juni 1875 für ein Denkmal für die Schlacht bei Fehrbellin von 1675 waren die Zieten-Husaren beteiligt, die 4. Eskadron und das Trompeterkorps paradierten dort vor dem Kronprinzen Friedrich Wilhelm. Drei Tage vorher hatte man in Rathenow des 200. Jahrestages der Eroberung der Stadt durch den damaligen kurfürstlichen Feldmarschall Derfflinger gedacht.
Am 26. August 1875 verstarb während eines Brigadeexerzierens bei Oranienburg an einem Herzschlag Oberst v. Rauch vor der Front seines Regiments. Am 29. August wurde er in Dahlen bei Goerzke beigesetzt.
Im Oktober 1875 übernahm Major v. Rosenberg, bis dahin Stabsoffizier im hannoverschen Ulanen-Regiment Nr. 13, das Kommando über die Zieten-Husaren. Unter diesem Kommandeur, der ein exzellenter Reiter war und sich intensiv mit der Verbesserung des Kavalleriedienstes beschäftigte, wurde die Ausbildung der Husaren reorganisiert und vor allem das Pferdematerial allmählich verbessert. Ein Schwerpunkt seiner kavalleristischen Ausbildungsmethoden war die Schulung von Pferd und Reiter im Klettern. Auf dem Weinberg, den Göttlinger Bergen und dem hügeligen Gelände bei Stölln und Rhinow wurde oft geübt, dazu die Hänge zum Teil fast senkrecht abgestochen. Zweimal wöchentlich wurde in den Rhinower Bergen geübt. Der neue Kommandeur führte zudem die Maisfütterung bei den Pferden ein. Ebenfalls verstärkt wurden jetzt das Jagdreiten und der Rennsport.

1876 erfolgte die Einführung eines neuen Exerzierreglements für die Kavallerie, das allmählich in der Praxis erprobt wurde.

Am 12. Juni des gleichen Jahres starb König Georg von Hannover, der bisherige Chef des Regiments, seine Stelle übernahm Prinz Friedrich Karl, der den Husaren schon seit Jahren gut vertraut war.

Ein Höhepunkt im täglichen Garnisondienst wurde im März 1878 das erste große Reiterfest in Rathenow, zu dem die Husaren ein aus sieben Nummern bestehendes Programm eingeübt hatten. Im Dezember erfolgte die Einstellung des jungen Herzogs von Connaugh, des Schwiegersohnes des Prinzen Friedrich Karl, á la suite in das Regiment. 1878 wurden die Husaren mit dem Karabiner M/71 ausgerüstet.

Im Offizierkorps wurde die Durchführung von Distanzritten zu einem sportlichen Wettbewerb. Im Juni 1879 ritten die Rittmeister Gániol, v. Winterfeld, Herzog Paul von Mecklenburg, die Leutnante v. Böhlendorff, v. Bedow und der Leutnant d.R. Nette die 112,5 km lange Strecke von Ludwigslust nach Rathenow in fünf Stunden und fünfzig Minuten.

Offizier und Husaren vom Zieten-Regiment in Paradeuniform um 1900.

Anläßlich des 150. Gründungstages des Regiments wurde 1880 am Zietengeburtstag, dem 14. Mai, ein Reiterfest durchgeführt, an dem Kaiser Wilhelm I. als Ehrengast teilnahm.

Am 20. Oktober 1883 wurde Oberst v. Rosenberg unter Stellung á la suite des Regiments zum Kommandeur der 30. Kavalleriebrigade ernannt. Unter seiner Führung hatten sich die Zieten-Husaren zum besten Regiment der preußischen Kavallerie entwickelt. Seinen Posten übernahm Major v. Alvensleben, bisher Stabsoffizier im 2. Husaren-Regiment.

Am 15. Juni 1885 verstarb im Alter von nur 57 Jahren in der Folge eines Schlaganfalls der Regimentschef der Zieten-Husaren, Prinz Friedrich Karl. An den Beisetzungsfeierlichkeiten nahm eine Eskadron des Regiments teil, die den Leichnam nach der Trauerfeier in der Potsdamer Garnisonkirche zur Beisetzung nach Nikolskoje im Park von Glienicke eskortierte.

Schon am 1. August 1885 erhielt das Regiment wiederum einen neuen Kommandeur, den Major v. Podbielski, der aus dem Großen Generalstab kam.

Am 26. Januar 1886 beging das Regiment den 100. Todestag ihres Ahnherrn, des Generals der Kavallerie v. Zieten. An diesem Tag wurde in Anwesenheit einer Delegation der Zieten-Husaren am ehemaligen Wohnhaus des verehrten Generals in der Berliner Kochstr. 62 eine Gedenktafel eingeweiht, die vom Zieten-Verein gestiftet worden war. Am Nachmittag gedachte das Regiment auf dem Rathenower Paradeplatz seines alten Husarengenerals.

Zieten-Husaren während einer Parade.

Am 16. Juni 1886 wurde aus Anlaß des ersten Jahrestages des Todes von Prinz Friedrich Karl ein Gedenkstein eingeweiht. Auf einem von Rasen bedeckten und von einem Gitter umge-

General der Kavallerie Heinrich v. Rosenberg in der Uniform der Zieten-Husaren.

benen Hügel lag ein großer Felsblock, der auf drei Seiten auf polierten Medaillons folgende Inschriften trug:

„Zum Andenken an unseren Chef
den
Generalfeldmarschall Prinzen Friedrich Carl von Preußen
geb. am 20. März 1828, gest. am 15. Juni 1885.
Das Zieten-Husaren-Regiment.
Ein echter Hohenzoller,
Gefürchtet von seinen Feinden,
Verehrt von seinen Husaren.
Errichtet am 15. Juni 1886."

1886 erfolgte wiederum die Einführung eines neuen Exerzierreglements, in dem vor allem Wert auf lautloses Exerzieren und das sogenannte Nachtreiten gelegt sowie das „Ausführungssignal" abgeschafft wurde. Unter dem neuen Kommandeur, der ein Finanzgenie und Organisator war, erfolgte der Bau des Offizierskasinos und der neuen Reitbahn am städtischen Krankenhaus. Der Bauplatz wurde dem Regiment von der Stadt für die symbolische Summe von drei Mark überlassen.
Im Juli 1887 erhielt das Regiment vom Kaiser Wilhelm I. Standartenbänder mit der Inschrift „Errichtet 1730" verliehen. Nur neun Monate später verstarb der alte Kaiser. Sein Nachfolger, Friedrich III. – schon todkrank – verstarb am 15. Juni, Kronprinz Wilhelm wurde im Alter von 28 Jahren als Kaiser Wilhelm II. Herrscher des Deutschen Reiches. Zu den Trauerfeierlichkeiten entsandte das Regiment Delegationen. Bereits am 5. Mai des Jahres war der Prinz Arthur von Großbritannien und Herzog von Connaught zum Regimentschef der Zieten-Husaren ernannt worden.

In den folgenden Jahren erfolgte die Einführung neuer Bewaffnung und Ausrüstung bei der Kavallerie. So wurde der Bocksattel ausrangiert und dafür ein allgemeiner Armeesattel eingeführt. In der Bewaffnung kam es zur Einführung des Karabiners Modell 88 und 1889 zur Ausrüstung der Kavallerie mit der Lanze. Die Einführung der Lanze brachte einen hohen Trainingsaufwand sowie die Schulung von Ausbildungspersonal mit sich. Wenig später wurden die anfänglichen Holzlanzen durch solche aus Stahlrohr ersetzt. Auch die Überlegeschabracke mußte den Anforderungen der modernen Zeit weichen. Sie wurde nur noch für Paradezwecke aufgelegt, da sie nun einmal ein reines Zierstück war. Im Winter wurden nun verstärkt Exerzier- und Felddienstübungen abgehalten, im Sommer das Schwimmen mit den Pferden geübt. Der Rathenower Exerzierplatz wurde an der nordwestlichen und östlichen Ecke erweitert und dazu noch ein großer Springgarten angelegt.

Am 27. Januar 1889 wurde durch eine Allerhöchste Kabinetts-Ordre der Name des Regiments in „Husaren-Regiment von Zieten (Brandenburgisches) Nr. 3 geändert.

Seit 1887 war mit den Neubauten der Kasernen an der Bahnhofstraße begonnen wurden. Wesentlichen Einfluß auf die Verteilung der Gebäude nahm Oberst v. Podbielski. Die ratenweise Zuteilung der Baukosten brachte es mit sich, daß sich die Fertigstellung über Jahre hinzog und nicht alle Eskadronen gleichzeitig ihre neuen Unterkünfte beziehen konnten. Die 3. Eskadron hatte bis zum Herbst 1886 in Friesack gelegen, ehe sie nach den Herbstmanövern vorübergehend Bürgerquartiere in der Rathenower Altstadt bezog. 1889 waren die Kasernen III und IV sowie die dazugehörigen Ställe fertig. Es folgten im Abstand von einigen Monaten Menagegebäude, Schmieden, Kaserne I, II, V, Reitbahnen, Krankenstall, Wache, Fahrzeugschuppen, Ökonomiegebäude, Familienhaus. Im Herbst 1891 war dann das gesamte Regiment in den neuen Unterkünften vereinigt. Die Stallungen der 3. und 4. Eskadron waren mit Holz, die der 1., 2. und 5. Eskadron mit Eisen konstruiert. Insgesamt fünf Reitbahnen standen nun zur Verfügung.

Denkmal für den General v. Rosenberg (Einweihung am 14. Oktober 1906) in Rathenow.

Bereits im März 1890 hatte Oberst v. Podbielski das Regiment an Major v. Griesheim abgegeben, der vom Oldenburgischen Dragoner-Regiment Nr. 19 kam.

1891 wurde dem Zieten-Regiment in Berlin durch Kaiser Wilhelm II. als Ersatz für die stark beschädigte alte eine neue Standarte übergeben, die dem Äußeren nach der der Husaren unter Friedrich dem Großen entsprach. Im Juli 1892 wurde Oberstleutnant v. Griesheim in den Ruhestand versetzt und Major v. Vollard-Bockelberg vom Ulanen-Regiment Nr. 7 übernahm das Kommando über das Regiment.

Am 19. März 1893 feierte der Verein ehemaliger Zieten-Husaren in Berlin sein 25jähriges Bestehen. Im April erfolgte die Berittenmachung des Trompeterkorps auf Füchsen. Bisher

Das Trompeterkorps des Husaren-Regiments von Zieten um 1910.

Seite 156:
Verkleinerte Nachbildung des von Prof. Otto 1927 geschaffenen Reiters der Zieten-Husaren für das Denkmal der im Ersten Weltkrieg Gefallenen des Regiments.

Reservistenkrug aus Steingut des Husaren Mahlow von der 3. Eskadron des Zieten-Regiments (Sammlung J.-U. Benthin, Berlin).

Festumzug anläßlich des Reiterfestes von 1905 durch die Straßen von Rathenow.

Wachablösung an der Hauptwache der Kasernen des Husaren-Regiments von Zieten.

Eine Eskadron der Zieten-Husaren in Paradeuniform beim Marsch durch Rathenow.

Zieten-Husaren bei Reit- und Kletterübungen in den Göttliner Bergen.

Der Hügel mit dem Gedenkstein für den ehemaligen Chef des Zieten-Husaren-Regiments, den Generalfeldmarschall, Prinz Friedrich Karl von Preußen.

Ein Zieten-Husar mit der 1891 neu verliehenen Regimentsstandarte.

Zieten-Husar im Dienstanzug um 1905.

Zieten-Büste auf dem Kasernenhof.

waren es Falben gewesen. Wiederum kam es zur Einführung eines neuen Exerzierreglements, das vor allem der Beweglichkeit der Kavallerie mehr Aufmerksamkeit schenkte. Die folgenden Jahre wiesen keine großen Besonderheiten im Leben des Regimentes auf. Am 14. Mai 1899 erfolgte dann die Enthüllung eines Denkmals für den General der Kavallerie Hans Joachim von Zieten auf dem Kasernenhof in Rathenow anläßlich von dessen 200. Geburtstag. Geschaffen wurde es vom berühmten Bildhauer Begas. Auf einem Sockel aus Granit stand die bronzene Büste des alten Zieten.
Am 1. Januar 1900 wurde nach einem Festgottesdienst das dem Regiment vom Kaiser verliehene silbern-schwarze Fahnenband mit Spangen und Quasten an der Standarte befestigt. Am gleichen Tag wurde auch eine Nachbildung der alten, im Zeughaus in Berlin aufbewahrten Flagge der im Jahre 1787 erbeuteten holländischen Fregatte übergeben. Die Flagge zeigte auf rotem Tuch den goldenen Löwen von Oranien.

Am 19. April 1900 verstarb in Rathenow der General der Kavallerie v. Rosenberg. Das ganze Regiment verabschiedete sich von seinem ehemaligen Kommandeur, der auf dem Rathenower Friedhof seine letzte Ruhe fand und dessen Grab man noch heute besuchen kann.

Am 4. Januar 1901 beging das Regiment das 50jährige Garnisonjubiläum in Rathenow. Die Stadt schenkte dem Regiment einen silbernen Tafelaufsatz. Die Zieten-Husaren revanchierten sich mit einer Nachbildung der auf dem Kasernenhof stehenden Zietenbüste.
1902 erfolgte die Anlegung eines Rennplatzes auf dem Feld zwischen dem Vogelgesang und dem Exerzierplatz mit Hindernissen sowie der Bau einer Tribüne. Bereits im Herbst gab es das erste Rennen.

Am 13./14. Mai 1905 wurde in Rathenow das 175jährige Bestehen des Regiments mit einem großen Festprogramm und Reiterspielen gefeiert. Am 14. Mai wurde im Rahmen dieser Festlichkeiten der Grundstein für ein aus Spendenmitteln zu schaffendes Denkmal für den General der Kavallerie v. Rosenberg gelegt, dessen feierliche Einweihung am 14. Oktober 1906 stattfand.
Die folgenden Jahre bis zum Ausbruch des Ersten Weltkrieges verliefen in der üblichen Garnisondienstroutine ab, unterbrochen von der Teilnahme an Regiments- und Brigadeexerzierübungen auf Truppenübungsplätzen. 1911 wurde der Stadt Rathenow das alte Offizierskasino zur Nutzung übergeben und die Offiziere des Regiments bezogen das von der Stadt errichtete neue Kasino an der Ecke Duncker- und Bahnhofstraße. Am 1. Oktober 1913 verlor das Regiment im Rahmen der Neubildung der Jägerregimenter seine 2. Eskadron, die dem neugebildeten Jägerregiment Nr. 7 in Trier zugeteilt wurde. Aus Abgaben von den anderen Eskadrons und durch Zuteilungen von Unteroffizieren, Mannschaften und Pferden wurde eine neue 2. Eskadron gebildet.

Zieten-Husar um 1905.

Das am 10. April 1923 eingeweihte Ehrenmal für die im Ersten Weltkrieg gefallenen Zieten-Husaren.

Das Zieten-Regiment im Ersten Weltkrieg

Am 1. August 1914 erfolgte die allgemeine Mobilmachung der Armee. Entsprechend der Kriegsgliederung hatte das Regiment zwei Regimenter zu drei Eskadrons aufzustellen, was ein Auseinderreißen der alten Formation bedeutete. Die nunmehrigen Halbregimenter kamen als Divisionskavallerie zur 5. bzw. 6. Infanteriedivision des III. Armeekorps. Bereits am 2. August rückte die 2. Eskadron aus Rathenow ab. Die 4. Eskadron wurde am 5. August verladen, die Stäbe und die restlichen vier Eskadrons verließen ihre Garnisonstadt am 6. und 7. August unter großer Anteilnahme der Bevölkerung, nur die Ersatzeskadron blieb noch in Rathenow.

Bereits Anfang August war die 5. Eskadron vor Lüttich eingesetzt. Es folgte der Vormarsch in Belgien und Frankreich bis Anfang September 1914, dann der Einsatz in der Marne-Schlacht. Danach war das Regiment in die Stellungskämpfe an der Aisne verwickelt, später bis Mitte November 1914 der 2. Kavallerie-Division zugeteilt. Die harten Kämpfe und zahlreichen Patrouillen forderten viele Opfer. Am 15. November wurde das Regiment auf dem Bahnhof von Weregem verladen und auf den östlichen Kriegsschauplatz, in die Gegend von Przasnysz in Galizien, verlegt und war Anfang Januar 1915 am Vormarsch auf Drobin beteiligt. Im weiteren Kriegsverlauf kämpften die Zieten-Husaren bei Narew und am Bug, in Kurland, dann das 1. Halbregiment in Frankreich. Auch in Serbien wurde von Ende September 1915 bis Mitte November 1915 gefochten. 1916 erfolgte dann der Einsatz vor Verdun, 1917 in Galizien und der Bukowina. Andere Eskadrons des Zieten-Regiments kämpften an der Somme, in der Champagne, in den Argonnen und im Elsaß, im Osten bei Tarnopol. Die 3. Eskadron war im letzten Quartal 1917 in Italien im Einsatz, danach zusammen mit der 5. Eskadron bis zum Waffenstillstand 1918 wieder in Frankreich.

Die Zieten-Husaren nach dem Weltkrieg

Als erste Eskadron traf am 17. Dezember 1918 die 5. wieder in der Garnison Rathenow ein. Vier harte und verlustreiche Kriegsjahre lagen hinter den Husaren. Am 29. Dezember folgte die 3. Eskadron. Bis zum 15. Februar 1919 trafen dann alle anderen Teile des Zieten-Regiments in der Rathenower Garnison ein. Auf allen europäischen Kriegsschauplätzen hatten Teile des Regiments gekämpft und viele Husaren dabei ihr Leben verloren. Für eine Freiwilligen-Eskadron ging der Einsatz im Osten gegen bolschewistische Truppen sogar bis Ende Juli 1919. Diese Formation kehrte erst am 5. August wieder in die heimatliche Garnison zurück.

Dem Andenken der gefallenen Kameraden widmeten die zurückgekehrten Husaren ein nach langwieriger Vorbereitung von Prof. Otto aus Berlin entworfenes und gefertigtes Husaren-Denkmal, das seine Aufstellung an der Bahnhofstraße fand. Am 10. April 1923 erfolgte in Anwesenheit von rund 1500 ehemaligen Zieten-Husaren und unter großer Anteilnahme der Rathenower Bevölkerung die feierliche Einweihung. Es stellte einen kletternden Zieten-Husaren zu Pferde in voller Feldausrüstung dar. Am Postament befanden sich zwei Tafeln, die alle Gefallenen des Regiments aufführten.

Bereits Anfang 1919 hatten sich aus Angehörigen der 3. und 5. Eskadron die „1. und 2. Freiwilligen-Eskadron“ in Rathenow gebildet, im Osten eine „Freiwilligen-Eskadron Ost des Husaren-Regiments v. Zieten“. Die 1. Freiwilligen-Eskadron war einige Monate im Grenzdienst in Schlesien eingesetzt, die 2. gehörte zur Reserve des Gruppenkommandos Berlin.

Nach der Rückkehr der Freiwilligen-Eskadron Ost wurde diese mit der 2. Freiwilligen-Eskadron vereinigt. Im sogenannten Übergangsheer von 200.000 Mann gab es dann zwei Husaren-Eskadronen, die mit dem seit 1919 in Rathenow demobiliserten Ulanen-Regiment 7 das „Kombinierte Kavallerie-Regiment 25 A“ bildeten. Bei der Überführung in die vorläufige Reichswehr erhielten sie die Bezeichnung „1. bzw. 2. Husaren-Eskadron Reichwehr-Kavallerie-Regiment 3“. Im Februar 1920 entstand daraus die „2. Eskadron Reiter-Regiment 3“.

Im Juli 1937 erfolgte dann die Verlegung des Reiter-Regimentes 3 nach Göttingen. Den Zweiten Weltkrieg hindurch führte die Tradition der Zieten-Husaren die aus dem Reiter-Regiment 3 hervorgegangene Aufklärungsabteilung 3.

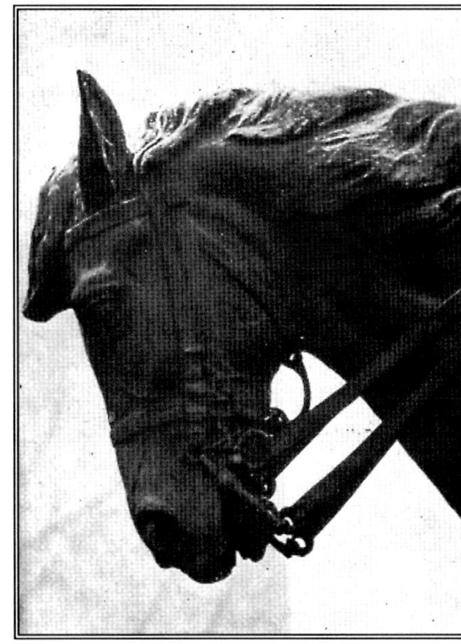

Pferdekopf am vom Prof. Wilhelm Otto (Berlin-Charlottenburg) geschaffen Ehrenmal der Zieten-Husaren.

*Husaren-Regiment v. Zieten (Brandenburgisches) Nr. 3 um 1914 –
Husar in Felduniform, Posten in Paradeuniform.*

Am 17. Mai 1952 trafen sich in Göttingen ehemalige Angehörige des Kavallerie-Regimentes 3 zu einer Wiedersehensfeier. In der Bundeswehr übernahm ab 1959 die Panzeraufklärungs-Abteilung 3 in Lüneburg die Tradition der Zieten-Husaren. Im gleichen Jahr erhielt die Bundeswehrkaserne in Göttingen den Namen „Zieten-Kaserne", den sie bis zur Aufgabe der Garnison im September 1991 trug.

Nach der Wiedervereinigung unseres Vaterlandes am 3. Oktober 1990 zog die Bundeswehr auch in die damalige „Friedrich-Wolf-Kaserne" der ehemaligen NVA in Beelitz ein. 1992 machte der damalige Kommandeur des Panzeraufklärungsbataillons 80, Oberstleutnant Werren, in Abstimmung mit den Kompaniechefs und Kompaniefeldwebeln den Vorschlag, in Anknüpfung an die Tatsache, daß der berühmte preußische Husarenvater Zieten von 1731 bis 1735 als Eskadronschef in Beelitz Dienst leistete, die Kaserne in „Hans Joachim v. Zieten-Kaserne" umzubenennen. Nach der Einholung entsprechender Zustimmungen durch die Kommune und beim Führungsstab des Heeres erfolgte am 30. März 1993 die Umbenennung. Inzwischen hat zwar der in Beelitz stationierte Truppenteil der Bundeswehr gewechselt – nunmehr ist hier das Instandsetzungsbataillon 403 zu Hause –, den Namen des berühmtesten Husarengenerals Friedrichs des Großen, Hans Joachim von Zieten, aber trägt die Kaserne, zu der inzwischen eine Husarenallee benannte Straße führt, noch heute.

29. März 1993, 16.00 Uhr, – Das Schild mit dem neuen Kasernennamen ist angebracht.

Eingang zur Hans Joachim v. Zieten-Kaserne in Beelitz.

Garnisonorte des Regiments

1729-1745	Berlin
1731-1741	Berlin und Beelitz
1745-1786	1. Bataillon Berlin, 2. Bataillon Parchim, Plaue, Lübs
1787-1806	1. Bataillon Berlin, 2. Bataillon Beeskow, Fürstenwalde, Müllrose
1808-1812	Berlin
1815 bis November 1818	in Frankreich, zuletzt in Commercy
1818-1819	Möchengladbach, Viersen, Rheidt,Wickrath, Rheindalen
1820 -	Stab Düsseldorf, 1. Eskadron Burscheid, 2. Eskadron Schlebusch, 3. und 4. Eskadron Wickrath und Neukirchen
September 1820 bis Oktober 1830	Stab und 3. Eskadron Düben, 1. Eskadron Kemberg, 2. Eskadron Schmiedeberg, 4. Eskadron Dommitzsch, später Torgau
1830-1831	Halle, Eisleben, Artern, Sangerhausen
Vom Oktober 1831 - 1851	Düben, Kemberg, Schmiedeberg (Stab und 3. und 4. Eskadron Düben, 1. Eskadron Kemberg, 2. Eskadron Schmiedeberg)
1851-1860	Stab, 1. und 2. Eskadron Rathenow, 3. und 4. Eskadron Nauen
1860-	Stab, 1., 2. und 3. Eskadron Rathenow, 4. Eskadron Friesack
1860- 1867	Stab, 1., 2. und 3. Eskadron Rathenow, 4. Eskadron Friesack
1867-1870	Stab, 1.,2., 3. und 5. Eskadron Rathenow, 4. Eskadron Friesack
21. Juli 1871 bis 1. Nov. 1872	Stab, 1.,2. und 5. Eskadron Commercy, 4. Eskadron Sampigny, 3. Eskadron Rathenow
1. November 1872	bis 27. Juli 1873 Stab, 1., 2., 4. und 5. Eskadron Commercy, 3. Eskadron Rathenow
7. August 1873	Stab, 1.,2.,3. und 5. Eskadron Rathenow, 4. Eskadron Friesack
31. März 1884	Stab, 1.,2.,4. und 5. Eskadron Rathenow, 3. Eskadron Friesack
30. September 1886	Rathenow
1. Oktober 1891 - 2.-7. August 1914	Rathenow
September 1914 - November 1918	Kriegseinsatz an den verschiedensten Fronten
bis 17.2.1919	Rückkehr nach Rathenow
30.5.1919	Auflösung des Regiments

Die Regimentschefs

1730-1736	v. Beneckendorff
1736-1741	v. Wurmb
1741-1786	v. Zieten (General der Kavallerie)
1786-1794	v. Eben und Brunnen (Generalleutnant)
1794-1805	v. Göcking (Generalleutnant)
1805-1806	v. Rudorff (Generalmajor)
1823-1851	Herzog von Cumberland (später Ernst August König von Hannover)
1851-1878	König Georg V. von Hannover
1878-1885	Generalfeldmarschall Prinz Friedrich Karl von Preußen
1888-1914	Prinz Arthur von Großbritannien und Irland, Herzog von Connaugh

Reservistenkrug aus Porzellan des Husaren Kloßsheim von der 2. Eskadron des Husaren-Regiments v. Zieten (Dienstzeit 1896–1899) aus der Sammlung von J.-U. Benthin, Berlin.

Rittmeister des Brandenburgischen Husaren-Regiments v. Zieten um 1890 (Zeichnung von Carl Röchling).

Mütze der Zieten-Husaren von 1910.

Die Regimentskommandeure

Seite 171:

Oben:
Kupferne Kesselpauke

Unten:
Silberne Kesselpauke

Kesselpaukengeschichte

Das Regiment, damals noch Husaren-Regiment v. Zieten (Nr. 2) eroberte am 23.11.1745 bei Katholisch-Hennersdorf 2 kupferne Kesselpauken, die es in der Folge führen durfte. 1806 wurden sie in Spandau deponiert, wo sie gerettet wurden. Ab 1819 sollen dieselben Kesselpauken vom Regiment weitergeführt worden sein, bis König Friedrich Wilhelm III. durch A.K.O. vom 15.08.1831 dies untersagte. Anläßlich der 112. Wiederkehr des Tages von Katholisch-Hennersdorf erteilte Prinz Karl von Preußen in Vertretung Friedrich Wilhelms IV. durch A.K.O. vom 23.11.1857 dem Regiment die Genehmigung, die kupfernen Pauken, die es im Jahre 1821 an das Zeughaus hatte zurückgeben müssen, wieder zu führen. Aller Wahrscheinlichkeit nach wurden diese Pauken nachträglich mit preußischen Emblemen versehen. Der vergoldete Rokokoschild zeigt neben der Königskrone den fliegenden und bewehrten preußischen Adler und über dem Adler ein Spruchband mit der Devise „PRO GLORIA ET PATRIA“. Die Rosetten der Kloben, die Flügelmuttern und die Standfüße sind vergoldet.

Außerdem schenkte Prinz Friedrich Karl von Preußen Weihnachten 1873 dem Offizierkorps des Regiments ein paar kostbare silberne Kesselpauken, deren Führung, ausgenommen bei Paraden vor Seiner Majestät, durch A.K.O. vom 02.05.1874 genehmigt wurde. Sie befinden sich im Kavallerie-Museum Vornholz. Die Kesselpauken zeigen abwechselnd ziselierte Widmungsinschriften und Porträts preußischer Könige bzw. Medaillons mit Begebenheiten aus der Geschichte des Regiments.

1730-1736	v. Beneckendorff
1736-1741	v. Wurmb
1741-1756	v. Zieten
1756-1758	v. Seelen
1758-1760	v. Zettmar
1760-1761	v. Hundt
1761-1763	v. Rohr
1763-1775	v. Prittwitz
1775-1779	v. Probst
1779-1783	v. Eben und Brunnen
1783-1791	v. Wolffrath
1792-1792	v. Berge
1793-1793	v. Lentz
1792-1794	v. l'Estocq
1794-1805	v. Rudorff
1805-1806	v. Löben
1807-1811	v. Corswandt
1811-1813	v. Hobe
1813-1815	v. Sohr
1815-1832	v. Klinkowström
1832-1841	v. der Horst
1841-1843	v. Dobeneck
1843-1848	v. der Goltz
1848-1853	Prinz Solms-Braunfels
1853-1854	v. Griesheim
1854-1858	v. Pfuhlstein
1858-1864	Graf v. der Gröben
1864-1867	v. Kalckreuth
1867-1870	v. Zieten
1871-1875	v. Rauch
1875-1883	v. Rosenberg
1883-1885	v. Alvensleben
1885-1890	v. Podbielski
1890-1892	v. Griesheim
1892-1897	v. Vollard-Bockelberg
1897-1901	v. Schmidt
1901-1905	v. Kcszycki
1905-1911	v. Wrochem Gellhorn
1911-21.9.1914	v. Baumbach
21.9.1914-16.11.1914	v. Veltheim
16.11.1914-11.12.1914	v. Brüning
11.12.1914-13.1.1915	v. Puttkamer
14.1.1915-3.1.1918	v. Jagow
4.1.1918-2.8.1918	v. Kayser
3.8.1918-17.2.1919	Frhr. Schilling v. Canstatt
18.2.1919-31.7.1919	v. Kayser

Heute gibt es in Rathenow einen rührigen Geschichts- und Traditionsverein, der sich bewußt mit der Geschichte der Garnison Rathenow und der Zieten-Husaren beschäftigt und mittlerweile viele verschüttete bzw. bewußt verdrängte Elemente der Stadt-, Garnison- und Regionalgeschichte wiederbelebt und ins Gedächtnis einer breiten Öffentlichkeit zu bringen versucht.

Ein erstes Erfolgserlebnis war die Organisierung und Durchführung des Husaren-Treffens vom 20.–23. August 1993. Vertieft und ausgebaut wird diese neue/alte Tradition durch das anläßlich des 300. Geburtstages von Hans Joachim v. Zieten durchgeführte „Zietenfest“ in Wustrau vom 14. bis 16. Mai 1999, bei dem ein Nachguß des Schadowschen Zietendenkmals feierlich enthüllt wurde.

Leib-Husaren-Regiment v. Rudorff 1806.

Zieten-Husar in Paradeuniform (seit 1872).

Rote Husaren

Heiß ist die Liebe, kalt ist der Schnee, ja Schnee,
Scheiden und Meiden, und das tut weh.
Rote Husaren, die reiten niemals, niemals Schritt,
herzliebes Mädchen, du kannst nicht mit.

Weiß ist die Feder an meinem roten, roten Hut;
schwarz ist das Pulver, rot ist das Blut.
Das grüne Gläslein zersprang mir in der Hand, der Hand;
Brüder, ich sterbe fürs Vaterland.

Heiß ist die Liebe, kalt ist der Schnee, der Schnee;
Scheiden und Meiden, und das tut weh.
Auf meinem Grabe sollen rote, rote Rosen stehn;
die roten Rosen, und die sind schön.

Literaturhinweise

Armand Freiherr v. Ardenne, Geschichte des Husaren-Regiments von Zieten (Brandenburgisches) Nr.3, 2., bis auf die neueste Zeit ergänzte Auflage, Berlin 1905.

Armand Freiherr v. Ardenne, Geschichte des Zietenschen Husaren-Regiments, Berlin 1874.

Gunther Bardáy, General der Kavallerie Hans Joachim von Zieten. Zum 200. Todestag, in: Deutsches Soldatenjahrbuch 1986, München 1987, S. 100-104.

v. Blumenthal, Lebensbeschreibung Hans Joachims von Zieten. Königlich Preußischen Generals der Kavallerie, Ritter des Schwarzen Adlerordens, Chefs des Regiments der Königlichen Leibhusaren und Erbherrn auf Wustrau, 1. Aufl. Berlin 1797, 2. Aufl. Berlin 1800, 3. Aufl. Berlin 1805, Neuauflage Berlin 1916.

Hans-Jürgen Czeszak, Im Echo der Zieten-Husaren. Von der Kavallerie bis zu den Panzeraufklärern. Bilder von damals und heute, Berlin 1993.

Reinhold Redlin-Fluri, Husarenregiment von Zieten (Brandenburgisches) Nr. 3. Formations-, Standarten- und Kesselpaukengeschichte, in: Zeitschrift für Heereskunde, 1969, Nr. 226, S. 197-205

Theodor Fontane, Wanderungen durch die Mark Brandenburg, Bd. 1: Die Grafschaft Ruppin, Nachdruck der Volksausgabe von 1892, Köln 1997, S. 14-24.

Geschichte der Brandenburgisch-Preußischen Reiterei von den Zeiten des Großen Kurfürsten bis zur Gegenwart, bearb. von G. v. Pelet-Narbonne, 2 Bde., Berlin 1905.

Geschichte des Husaren-Regiments von Zieten (Brandenburgisches) Nr. 3, hrsg. vom Verein der Offiziere des Husaren-Regiments von Zieten e.V. Nach den amtlichen Kriegstagebüchern und persönlichen Aufzeichnungen bearb. von Graf Christian zu Rantzau, Oldenburg-Berlin 1930.

Werner Hahn, Hans Joachim von Zieten. Königlich Preußischer General der Kavallerie, Ritter des Schwarzen Adlerordens, Chef des Regiments der Königlichen Leib-Husaren, Erbherr auf Wustrau, Berlin 1850.

S. B. Herrmann, Hans Joachim von Zieten. Der Husar des Großen Königs, Leipzig 1936.

Husaren heraus! Reitergeist und Reitertat im Dolman und Attila, bearb. von Ewald Fiebig, 1933.

Curt Jany, Ein preußisches Husarenbildnis von 1731, in: Zeitschrift für Heeres- und Uniformkunde, 1934, S. 1f.

Heinz Kathe, Hans Joachim von Zieten, in: Militärgeschichte, 1981, S. 451-458.

Graf v. Lippe-Weißenfeld, Zieten. Das alte Husarengesicht, Berlin 1880.

Hans Ernst Müller, Husaren. Eine sprachliche Studie, in: Zeitschrift für Heeres- und Uniformkunde, 1963, Nr. 190, S. 115-118.

Die Werke Friedrichs des Großen in zehn Bänden, Bde. 3,4,6, Berlin 1914.

Georg Winter, Hans Joachim von Zieten. Eine Biographie, 2 Bde., Leipzig 1886.

Zieten und Wustrau. Damals und heute, Berlin-Karwe/Neuruppin 1996.

Husar vom Brandenburgischen Husaren-Regiment (1809–1816).

Danksagung

Mein herzlicher Dank gilt den Herren Hans-Jürgen Czeszak, Georg Ortenburg, Volker Schobeß, Herbert Beith, Helmut Bieber, Jens-Uwe Benthin, OTL Werren, Matthias W. Moritz, Dr. W. Köstler sowie den Mitarbeitern des Museums Rathenow, die mir Abbildungsvorlagen zur Verfügung stellten.

Besonderen Dank schulde ich wieder meinem Verleger, Herrn Dr. Gert Sudholt, der als Bayer diesem urpreußischen Thema durchaus sehr aufgeschlossen gegenüberstand.
Meiner Frau danke ich für ein erstes Korrekturlesen sowie für diverse Hinweise zum Inhalt.

Potsdam im Mai 1999 *Frank Bauer*